많은 학부모들이 선택하
어휘력 향상
길잡이

KB083938

공습국어 초등어휘는 2008년 첫 선을 보인 이래로 많은 학부모와 학생들로부터 남다른 관심과 사랑을 받고 있습니다. 공습국어 초등어휘가 이렇게 짧은 시간 안에 초등 어휘력 학습을 대표하는 교재로서 자리를 잡을 수 있었던 것은 아이들이 부담 없이 재미있게 공부할 수 있도록 교재를 활용 중심으로 최적화하여 구성한 것과 교과서에 나오는 낱말을 다룸으로써 교과 학습과 자연스럽게 연계할 수 있도록 배려한 것이 아닐까 생각합니다.

그런데 단계별로 교재의 수가 적어 서너 달이 지나면 더 이상 단계에 맞는 어휘력 학습을 지속할 수 없는 문제가 있었습니다. 그렇다고 다음 단계로 넘어가는 것도 좀 애매해서 몇 달 동안 이어온 학습 흐름이 끊어질 수밖에 없었습니다.

이번에 추가로 어휘력 교재를 출간하게 된 것은 각 단계에 맞는 어휘력 학습을 적어도 1년 정도는 꾸준히 진행할 수 있게 하기 위해서입니다. 이렇게 함으로써 다음 단계를 학습할 때까지의 기간을 최소화하거나 바로 다음 단계로 넘어가더라도 큰 어려움 없이 적응할 수 있을 것입니다.

그리고 심화 교재는 기본 교재와는 다른 문제 유형으로 코너를 구성하였습니다 이는 같은 유형을 반복함으로써 오는 지루함을 없애고 문제 풀이 방법이 관성화되는 것을 막기 위해서입니다. 또한 이미 알고 있는 낱말이라고 하더라도 유형을 달리하여 풀어봄으로써 어휘를 좀 더 풍부하게 활용할 수 있도록 하기 위해서입니다.

주니어김영사는 교재에 대한 질책과 격려 모두를 소중히 받아 안을 것입니다. 항상 열린 자세로 최대한 교재를 화과적으로 이용할 수 있도록 도와드릴 것이며 아울러 더 좋은 교재로 다가가기 위해 노력하겠습니다.

감사합니다.

" 공습국어 초등어휘는 초등 교과서에
나오는 낱말을 중심으로 구성되어 있는
어휘력 프로그램으로,
단순히 낱말의 사전적 의미를 암기하는 것이 아닌
낱말과 낱말 사이의 관계와 낱말의 다양한 쓰임새를
여러 가지 문제 유형을 통해 학습합니다. "

공습국어 초등어휘 학습 전략

기본과 심화의 연속된 어휘 학습 과정

공습국어 초등어휘는 전 과정이 학년에 따라 나누어져 있습니다. 크게 1·2학년, 3·4학년, 5·6학년 3개의 과정으로 이루어져 있습니다. 그리고 각 과정별로 기본 Ⅰ·Ⅱ·Ⅲ, 심화 Ⅰ·Ⅱ·Ⅲ 단계로 구성되어 있습니다.

과정	단계	
1 · 2학년	기본	Ⅰ, Ⅱ, Ⅲ 단계
	심화	Ⅰ, Ⅱ, Ⅲ 단계
3 · 4학년	기본	Ⅰ, Ⅱ, Ⅲ 단계
	심화	Ⅰ, Ⅱ, Ⅲ 단계
5 · 6학년	기본	Ⅰ, Ⅱ, Ⅲ 단계
	심화	Ⅰ, Ⅱ, Ⅲ 단계

기본 단계와 심화 단계는 서로 다른 구성과 학습 목표를 가지고 있습니다. 기본 단계는 낱말이 가지고 있는 기본적인 의미와 다른 낱말과 관계를 파악하는 단계입니다. 심화 단계는 유추와 연상 활동을 통해 낱말이 가지는 다양한 의미를 알고 정확하게 낱말을 읽고 쓰는 단계입니다.

기본 단계와 심화 단계는 서로 동떨어져 있는 것이 아니라 연속된 훈련 단계입니다. 따라서 공습국어 초등어휘를 처음 시작하는 경우는 기본 단계부터 순서대로 학습하는 것이 학습 효과를 극대화할 수 있습니다.

물론 공습국어 초등어휘 기본 단계로 학습한 경험이 있다면 각 과정의 심화 단계를 공부해도 괜찮습니다. 하지만 1·2학년 과정에서 기본 단계를 학습하고 현재 3학년이나 4학년이 되었다면 3·4학년 과정의 심화 단계보다는 3·4학년 과정의 기본 단계부터 시작하거나, 1·2학년 과정의 심화 단계를 한 다음 3·4학년 과정의 기본 단계로 넘어가는 것이 좋습니다.

교과서의 낱말을 다양한 문제 유형을
통해 재미있게 익힌다!

공습국어
초등어휘의 특징

하나 초등 교과서에 나오는 낱말로 문제 구성

공습국어 초등어휘는 국어, 수학, 사회, 과학 등 초등 전 교과에서 낱말을 발췌하여 문제를 구성하였습니다. 각 회별로 8~10개의 낱말이 교과 영역에 따라 들어 있으며 권당 250~300개 정도의 낱말을 익힐 수 있습니다. 따라서 교재에서 다루고 있는 낱말을 익히다 보면 해당 교과의 내용을 이해하는데 많은 도움이 될 것입니다.

둘 상황에 따라 낱말이 가지는 복합적 의미 이해

사전에 명시된 낱말의 기본적인 의미뿐만 아니라 상황을 유추하여 적절한 낱말을 찾는 활동, 같은 글자이지만 상황에 따라 전혀 다른 의미를 갖는 낱말을 고르는 활동, 여러 낱말을 보고 공통으로 연상되는 낱말을 찾는 활동을 통해 낱말이 가지는 복합적 의미를 파악하는 데 중점을 두고 학습할 수 있도록 했습니다.

셋 바른 글쓰기를 위한 맞춤법 훈련

성인들도 글을 쓸 때 잘못된 낱말을 사용하거나 띄어쓰기가 틀리는 경우가 많이 있습니다. 이것은 한글 맞춤법에서 규정하고 있는 몇 가지 원칙만 제대로 이해한다면 충분히 개선할 수 있습니다. 특히 초등 단계에서부터 한글 맞춤법에 대해 의식적으로 알아보고 관련 문제들을 자주 접해 본다면 바르게 글을 쓰는데 큰 자신감을 갖게 될 것입니다. 공습국어 초등어휘에서는 '낱말 쌈 싸먹기' 꼭지를 통해 매회 한글 맞춤법 연습을 할 수 있으며 이러한 맞춤법 연습을 원활하게 할 수 있도록 하기 위해 135쪽에 '한글 맞춤법 알기'를 별도로 마련했습니다.

넷 재미있고 다양한 문제 유형으로 구성된 학습 과정

공습국어 초등어휘는 여러 가지 문제 유형을 통해 다양하게 낱말을 습득하고 활용할 수 있도록 구성하고 있습니다. 특히 본격적인 문제 풀이에 들어가기 전 낱말 퍼즐 형식의 '가로·세로 낱말 만들기'로 두뇌 워밍업을 할 수 있도록 했으며, 아울러 앞선 회의 낱말도 복습할 수 있도록 했습니다. 또한 '낱말은 쏙쏙! 생각은 쑥쑥!' 꼭지의 문제들은 그림이나 퀴즈 형식을 이용하여 지루하지 않게 공부할 수 있습니다.

교재 구성 한눈에 보기

가로·세로 낱말 만들기

'가로·세로 낱말 만들기'는 본격적인 문제 풀이를 하기 전 가볍게 머리를 풀어보는 준비 단계의 의미와 앞선 회에서 공부한 낱말을 찾아서 만들어 봄으로써 한 번 더 낱말을 익힌다는 복습의 의미를 함께 갖고 있습니다. 적게는 3개 많게는 5개 정도 앞선 회에서 배운 낱말을 주어진 글자와 연결 낱말을 이용해 찾아야 합니다. 낱말 만드는 자세한 방법은 7쪽을 참고해 주세요.

> 주어진 연결 낱말을 이용하여 낱말을 만들어보세요. 단 색이 칠해진 칸에는 낱말을 쓸 수 없습니다.

> 만들어야 할 낱말의 개수와 도전 시간이 표시되어 있고, 만든 낱말의 개수와 걸린 시간을 적습니다.

> 글자를 조합하여 앞선 회에 배운 낱말이 있는지 찾아봅니다.

낱말은 쏙쏙! 생각은 쑥쑥!

어휘력 학습을 본격적으로 시작하는 꼭지입니다. '그림으로 낱말 찾기', '낱말 뜻 알기', '낱말 친구 사총사', '연상되는 낱말 찾기', '짧은 글짓기'의 5개 코너로 구성되어 있습니다.

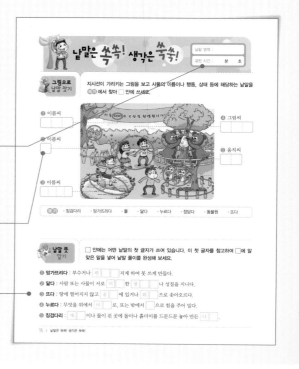

> **걸린 시간** 해당 단원을 푸는 데 걸린 시간을 적습니다.

> **그림으로 낱말 찾기** 원으로 표시된 그림 부분을 보고 유추할 수 있는 낱말을 보기에서 고릅니다.

> **낱말 뜻 알기** 낱말의 기본 의미를 알아보는 코너로 □ 안의 첫 글자를 보고 알맞은 낱말을 적습니다.

공습국어 초등어휘는 모두 30회 과정이며 각 회별로 '가로·세로 낱말 만들기', '낱말은 쏙쏙! 생각은 쑥쑥!', '낱말 쌈 싸 먹기'의 3가지 꼭지가 있습니다.

낱말 친구 사총사 낱말이 가지는 다양한 의미와 낱말 사이의 관계를 알아보는 코너입니다. 네 친구의 말 중 지시문의 물음에 맞는 것을 고르세요.

그림으로 낱말 찾기 원으로 표시된 그림 부분을 보고 유추할 수 있는 낱말을 보기에서 고릅니다.

짧은 글짓기 문장 형식에 맞게 짧은 문장을 만들어 봅니다. 주어진 낱말이 반드시 들어가도록 문장을 만들어 보세요.

낱말 쌈 싸 먹기

'낱말 쌈 싸 먹기'는 맞춤법, 띄어쓰기 코너를 통해 올바른 낱말 표기를 위해 꼭 알아야 할 규칙을 알아봅니다. 또한 관용어와 한자어 꼭지를 통해 상황에 어울리는 속담이나 격언을 찾고, 문장의 의미에 맞는 한자어나 사자성어를 알아봅니다.

맞춤법 두 낱말 중 맞춤법이 올바른 낱말을 찾거나, 맞춤법이 틀린 낱말을 찾아 바르게 고쳐 써 봅니다.

띄어쓰기 두 낱말 중 띄어쓰기가 올바르게 된 낱말을 고릅니다.

관용어 □를 채워 그림이 표현하는 상황에 어울리는 속담이나 격언 등의 관용어를 만들어 봅니다.

한자어 자연스러운 문장이 되도록 □ 안에 들어갈 알맞은 한자어나 사자성어를 찾아봅니다.

꾸준함이 어휘력을 키우는
가장 좋은 방법입니다!

공습국어
초등어휘의 활용

하나 처음 일주일 정도는 아이와 함께 하세요

공습국어 초등어휘의 코너 구성과 문제 유형을 아이가 이해할 수 있도록 일주일 정도는 아이와 함께 문제를
풀어보세요. 각각의 문제 유형을 설명해주고, 채점을 통해 아이에게 미진한 부분이 있으면 다시 설명해주면서
아이가 혼자서도 충분히 문제를 해결할 수 있도록 도와주세요.

둘 꾸준히 학습할 수 있는 환경을 만들어주세요

매일 1회분씩 학습 진도를 나가는 것이 가장 이상적이긴 하지만 현실적으로 불가능한 경우가 많습니다. 따라서
매일이 아니더라도 꾸준히 교재를 볼 수 있도록 학습 스케줄을 잡아 주세요. 이때 부모님이 일방적으로 결정하지
마시고 아이와 충분히 상의하여 가능한 아이의 의견이 반영되도록 해주세요.

셋 1권부터 순서대로 학습할 수 있도록 해 주세요

공습국어 초등어휘 심화 단계는 각 학년별 4~6권에 해당합니다. 그리고 문제 유형이나 내용이 1~3권에 비해
다소 복잡하거나 어렵습니다. 따라서 어휘력 학습을 처음 시작하는 경우라면 1권부터 순서대로 교재를 보는 것이
좋습니다. 물론 이전에 어휘력 교재를 보았거나 국어 실력이 상위권이라면 4권부터 시작해도 괜찮습니다.

넷 문제 풀이에 걸리는 적정한 시간은 10분 내외입니다

문제를 푸는 데 걸리는 시간은 대략 10분 정도면 충분합니다. 하지만 문제 유형이 익숙하지 않은 초반에는 이보다
시간이 더 걸릴 수도 있습니다. 따라서 일정 기간 동안은 시간에 구애 받지 않고 편하게 문제를 풀면서 교재에
적응할 수 있도록 해 주세요.

다섯 낱말 쌈 싸 먹기 문제는 이렇게 준비해 주세요

'낱말 쌈 싸 먹기' 문제는 한글 맞춤법과 관용어의 의미를 알고 있어야 문제를 해결할 수 있습니다. 따라서
11~12쪽에 있는 '알쏭달쏭 낱말 알기'와 '관용어 알아보기'를 틈틈이 확인해서 그 내용을 아이가 기억할 수 있도록
해주세요.

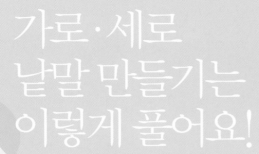

가로·세로 낱말 만들기는 이렇게 풀어요!

> '가로·세로 낱말 만들기'는 본격적인 어휘력 학습에 들어가기 전의 워밍업 단계로서 앞선 회에 배운 낱말을 복습하는 활동입니다.

1회에서는 낱말 만들기를 연습합니다. 이미 만들어야 한 낱말이 제시되어 있는데, 글자 표에서 해당 낱말을 찾아본 다음 낱말 판 안의 낱말을 연결하여 해당 낱말을 만들어 봅니다.
2회부터 실제 낱말 만들기를 하게 되는데 이때 낱말 판 안에 낱말을 만들 때 꼭 알아두어야 할 기본 규칙이 있습니다.

- 낱말 판 안에 제시된 낱말을 연결하여 낱말을 만들어야 합니다.
- 낱말 판 안에 색이 칠해진 칸에는 낱말을 만들 수 없습니다.
- 글자는 한 번만 사용 가능하며 중복하여 사용할 수 없습니다.
- 국어사전에 등재되지 않은 낱말은 쓸 수 없습니다.

이 네 가지 기본 규칙을 꼭 기억해서 낱말을 만들 때 실수하지 않도록 하세요.
그럼 낱말을 만드는 기본 순서를 알아볼까요?

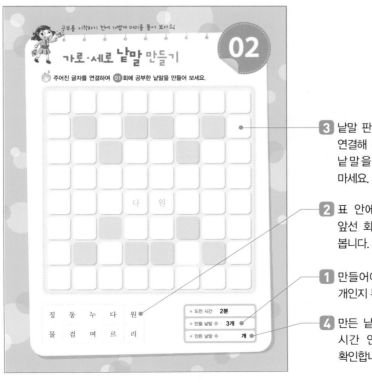

3 낱말 판 안의 낱말에 찾은 낱말을 연결해 봅니다. 기본 규칙에 맞게 낱말을 만들어야 함을 잊지 마세요.

2 표 안에 있는 글자를 조합하여 앞선 회에서 공부한 낱말을 찾아 봅니다.

1 만들어야 할 낱말의 개수가 몇 개인지 확인합니다.

4 만든 낱말의 개수를 적고 제한된 시간 안에 낱말을 만들었는지 확인합니다.

'낱말은 쏙쏙! 생각은 쑥쑥!'은 이렇게 풀어요!

그림으로 낱말 찾기

'그림으로 낱말 찾기'는 사물의 이름이나, 동작 혹은 어떤 상태나 느낌 등을 나타내는 낱말을 그림을 보면서 유추해보는 활동을 하는 꼭지입니다. 동그라미로 표시된 그림 부분이 아래 보기의 낱말 중 어느 것에 해당하는 지 찾아본 다음, 알맞은 낱말을 □ 안에 적습니다. 그림은 보는 사람에 따라 여러 가지 낱말로 만들 수 있기 때문에 반드시 보기에 제시된 낱말 중에서 가장 알맞은 낱말을 선택해야 합니다.

그리고 □ 위에는 낱말이 가리키는 품사가 적혀 있는데 보기 중에 정답으로 쓸 수 있는 낱말이 두 개 이상 있다면 제시된 품사에 맞는 낱말을 적어야 합니다. 참고로 각각의 품사가 가지고 있는 의미는 다음과 같습니다.

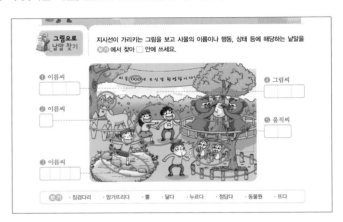

- **이름씨** : 사물의 이름을 나타내는 품사
- **움직씨** : 사물의 동작이나 작용을 나타내는 품사
- **그림씨** : 사물의 성질이나 상태를 나타내는 품사
- **어찌씨** : 다른 말 앞에 놓여 그 뜻을 분명하게 나타내는 품사

낱말 뜻 알기

'낱말 뜻 알기'는 낱말의 기본적인 뜻을 알아보는 활동입니다. 낱말의 뜻을 알기 위해서는 설명하고 있는 글의 □를 채워야 하는데, □에는 어떤 특정한 낱말의 첫 글자가 제시되어 있습니다. 제시된 첫 글자와 전체 문장의 내용을 보고 빈 □ 안에 적당한 글자를 써야 합니다.

□에 채워 완성해야 할 낱말을 비교적 쉽고 단순한 낱말들로 되어 있으므로 조금만 생각해보면 □를 채워 문장을 완성할 수 있을 것입니다.

'낱말은 쏙쏙! 생각은 쑥쑥!'에서 각 활동별로 공부하게 되는 낱말들은 '그림으로 낱말 찾기' 활동의 보기에 제시되어 있습니다. 모두 8~10개의 낱말을 공부하게 되는데, 보기에 제시된 낱말을 잘 살펴보면 모든 활동을 어렵지 않게 짧은 시간 안에 끝낼 수 있습니다.

낱말 친구 사총사

'낱말 친구 사총사'에서는 크게 3가지 활동을 하게 됩니다. 첫째는 소리는 같은 글자이지만 뜻이 다른 낱말을 찾는 활동, 둘째는 다른 세 낱말을 포함하는 큰 말을 찾는 활동, 셋째는 문장 안의 일부 구절이 어떤 뜻인지 찾는 활동입니다.

첫째 번 활동을 예를 들자면 '배'라는 낱말의 경우 문장 안에서 과일의 배로 쓰일 수도 있고 타는 배로 쓰일 수도 있습니다. 이때 만약 세 친구는 '타는 배'라는 뜻으로 배를 사용했고, 한 친구만 '과일의 배'라는 뜻으로 배를 사용했다면 셋과 다르게 말한 한 친구를 정답으로 선택합니다.

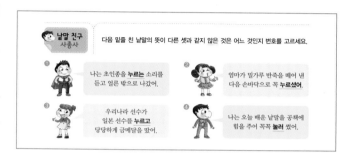

연상되는 낱말 찾기

'연상되는 낱말 찾기'는 제시된 세 낱말을 보고 공통으로 연상할 수 있는 낱말을 찾아보는 활동입니다. 제시된 세 낱말은 찾아야 할 낱말의 사전적인 의미이거나 조건이나 상태 등을 나타냅니다.

예를 들어 '산', '배낭', '오르다'라는 세 낱말이 주어졌다면 이 세 낱말을 통해 공통으로 연상할 수 있는 낱말로 '등산'을 떠올릴 수 있을 것입니다.

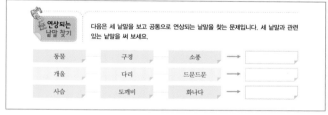

짧은 글짓기

'짧은 글짓기'는 주어진 문장 형식에 맞게 낱말을 넣어 짧은 글을 지어보는 활동입니다. 여러 가지 문장 형식으로 짧은 글을 만들다 보면 낱말이 문장 안에서 쓰일 때 어떻게 활용되는지 확인할 수 있습니다.

만약 '가방'이라는 낱말이 주어지고 이 낱말이 '누가 + 무엇을 + 어떻게 했다'라는 문장 형식을 가진 글에 들어가야 한다면 다음과 같이 문장을 만들 수 있습니다.

아버지께서 가방을 가져갔다.

'낱말 쌈 싸 먹기'는 이렇게 풀어요!

'낱말 쌈 싸 먹기'는 맞춤법, 띄어쓰기, 관용어, 한자어와 관련된 문제를 풀게 됩니다. 이 문제들을 풀기 위해서는 다음 쪽에 나오는 '알쏭달쏭 낱말 알기'와 '관용어 알아보기'를 꼼꼼히 읽어 보세요. 문제를 푸는 데 많은 도움이 될 것입니다.

맞춤법

문장 안에 잘못 쓴 낱말을 찾아 바로 고쳐 쓰거나, 두 낱말 중 바르게 쓴 낱말을 찾는 활동입니다. 오른쪽 그림에서처럼 '가게, 가개' 두 낱말이 주어졌다면 '가게'가 바르게 쓴 낱말이므로 '가게'에 동그라미를 치면 됩니다. 맞춤법 문제에 나온 낱말은 11쪽 '알쏭달쏭 낱말 알기'에 정리해 놓았으므로 미리 읽어 두세요.

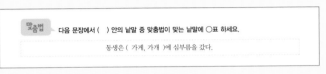

> **맞춤법** 다음 문장에서 ( ) 안의 낱말 중 맞춤법이 맞는 낱말에 ○표 하세요.
>
> 동생은 (가게, 가개)에 심부름을 갔다.

띄어쓰기

굵게 표시된 두 낱말을 중 띄어쓰기가 맞는 것을 찾는 활동입니다. 띄어쓰기 문제를 쉽게 풀기 위해서는 [도움말]을 반드시 읽어보기 바랍니다. [도움말]에는 문제로 나온 낱말을 띄어 써야 할지, 붙여 써야 할지 중요한 힌트가 들어 있기 때문입니다.

> **띄어쓰기** 주어진 두 문장 중 하나에는 띄어쓰기가 틀린 부분이 있습니다. 둘 중 바르게 띄어쓰기를 한 문장을 찾아서 ○표 하세요.
>
> ㉮ 바구니에서 사탕을 **몇 개** 꺼냈습니다. ㉯ 바구니에서 사탕을 **몇개** 꺼냈습니다.
>
> [도움말] 수량이나 회수를 세는 단위로 사용된 낱말은 띄어 씁니다.

관용어

그림에 제시된 상황과 관련된 속담이나 격언 등의 관용어를 찾는 활동입니다. □ 안에 글자를 넣어 관용어를 완성해 보세요. 예를 들어 '□□ 밑이 어둡다'라는 문제가 주어졌다면 □ 안에 '등잔'을 적으면 됩니다. 속담이나 격언 등을 잘 모른다면 12쪽 '관용어 알아보기'를 미리 읽어 두세요.

> **관용어** □ 안에 낱말을 넣어서 그림 속 상황과 어울리는 속담이나 격언 등을 만들어 보세요.
>
> 제 지우개 못 보셨어요? 아무리 찾아도 없어요.
>
> 네 손에 들고 있잖니.
>
> □□ 밑이 어둡다

한자어

문장을 읽고 □ 안에 들어갈 한자어나 사자성어를 보기에서 찾아 적는 활동입니다. 한자나 사자성어를 잘 모른다면 한자 사전이나 사자성어를 정리해 둔 책을 같이 놓고 문제를 풀기 바랍니다.

> **한자어** 글의 의미에 맞게 □ 안에 들어갈 알맞은 한자어를 보기 에서 찾아 써 보세요.
>
> 선생님께서 □□ 에 들어오셔서 □□ 들에게 말씀하셨다.
>
> 보기 ·教室 ·居室 ·學生 ·先生

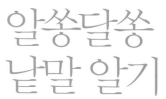

알쏭달쏭 낱말 알기

" 낱말 쌈 싸 먹기의 맞춤법에 나오는 낱말입니다.
바르게 쓴 것과 잘못 쓴 것을 잘 비교해서 살펴보세요. "

○ 눈썹	✕ 눈섶	○ 눈곱	✕ 눈꼽
○ 노른자	✕ 노란자	○ 도련님	✕ 도령님
○ 돌멩이	✕ 돌맹이	○ 돌부리	✕ 돌뿌리
○ 딱따구리	✕ 딱다구리	○ 멋쟁이	✕ 멋장이
○ 무늬	✕ 무니	○ 무	✕ 무우
○ 상추	✕ 상치	○ 성냥개비	✕ 성냥개피
○ 셋째	✕ 세째	○ 머리카락	✕ 머리가락
○ 수수께끼	✕ 수수깨끼	○ 수탉	✕ 수닭
○ 술래잡기	✕ 술레잡기	○ 숨바꼭질	✕ 숨박꼭질
○ 싫증	✕ 실증	○ 앞니	✕ 앞이
○ 지팡이	✕ 지팽이	○ 창피하다	✕ 챙피하다
○ 책받침	✕ 책바침	○ 켤레	✕ 컬레
○ 트림	✕ 트름	○ 팔꿈치	✕ 팔굼치
○ 해님	✕ 햇님	○ 헤엄	✕ 헤염
○ 휴게실	✕ 휴게실		

관용어 알아보기

> 낱말 쌈 싸 먹기의 관용어에 나오는
> 속담과 격언입니다.
> 미리 읽어보고 문제를 풀어 보세요.

- **간 떨어지다** : 몹시 놀라다.
- **갈 길이 멀다** : 앞으로 해야 할 일이 많이 남아 있다.
- **갈수록 태산이다** : 갈수록 더욱 어려운 지경에 처하게 되는 경우.
- **개똥도 약에 쓰려면 없다** : 평소에 흔하던 것도 막상 긴하게 쓰려고 구하면 없다는 말.
- **고양이한테 생선을 맡긴다** : 어떤 일이나 사물을 믿지 못할 사람에게 맡겨 놓고 마음이 놓이지 않아 걱정함.
- **국물도 없다** : 돌아오는 몫이나 이득이 아무것도 없다.
- **꿀 먹은 벙어리** : 속에 있는 생각을 나타내지 못하는 사람.
- **나 먹자니 싫고 개 주자니 아깝다** : 자기에게 소용없으면서 남에게 주기 싫은 인색한 마음을 나타낸 말.
- **낮말은 새가 듣고 밤말은 쥐가 듣는다** : 아무리 비밀히 한 말이라도 반드시 남의 귀에 들어가게 된다는 말.
- **눈앞이 캄캄하다** : 어찌할 바를 몰라 아득하다.
- **다 된 죽에 코 풀기** : 거의 다 된 일을 망쳐 버리는 주책없는 행동을 비유적으로 이르는 말.
- **못된 송아지 엉덩이에 뿔이 난다** : 되지못한 것이 엇나가는 짓만 한다.
- **물 건너가다** : 일의 상황이 끝나 어떠한 조치를 할 수 없다.
- **미운 아이 떡 하나 더 준다** : 미운 사람일수록 잘해 주고 감정을 쌓지 않아야 한다는 말.
- **바늘 가는 데 실 간다** : 사람 사이의 긴밀한 관계를 비유적으로 이르는 말.
- **발바닥에 불이 나다** : 부리나케 여기저기 돌아다니다.
- **발이 묶이다** : 몸을 움직일 수 없거나 활동할 수 없는 형편이 되다.
- **배가 등에 붙다** : 먹은 것이 없어서 배가 홀쭉하고 몹시 허기지다.
- **불난 집에 부채질한다** : 남의 재앙을 점점 더 커지도록 만들거나 성난 사람을 더욱 성나게 함
- **사촌이 땅을 사면 배가 아프다** : 남이 잘되는 것을 기뻐해 주지는 않고 오히려 질투하고 시기함
- **소 잃고 외양간 고친다** : 일이 이미 잘못된 뒤에는 손을 써도 소용이 없음을 비꼬는 말.
- **손이 맵다** : 손으로 슬쩍 때려도 몹시 아프다.
- **엉덩이가 무겁다** : 한번 자리를 잡고 앉으면 좀처럼 일어나지 않는다.
- **오르지 못할 나무는 쳐다보지도 마라** : 능력 밖의 불가능한 일은 애초에 욕심을 내지 않는 것이 좋다.
- **우물에 가 숭늉 찾는다** : 모든 일에는 질서와 차례가 있는 법인데 일의 순서도 모르고 성급하게 덤빔
- **쥐구멍을 찾다** : 부끄럽거나 난처하여 어디에라도 숨고 싶어 하다.
- **쥐도 새도 모르게** : 감쪽같이 행동하거나 처리하여 아무도 그 경위나 행방을 모르게.
- **지렁이도 밟으면 꿈틀한다** : 아무리 약하거나 순한 사람도 너무 업신여기면 가만있지 않는다는 말.
- **천 리 길도 한 걸음부터** : 무슨 일이나 그 일의 시작이 중요하다는 말.
- **티끌 모아 태산** : 아무리 작은 것이라도 모이고 모이면 나중에 큰 덩어리가 됨.

차례
Contents

"

공습국어를 시작하며

이제 본격적인 어휘력 공부를 시작하게 돼요.

크게 숨을 한 번 내쉬면서 마음을 가다듬어 보세요.

책을 끝까지 볼 수 있을까? 문제가 어렵지는 않을까? 하는 걱정이

들기도 하겠지만 막상 시작해보면 괜한 걱정이었다 싶을 거예요.

한 번에 밥을 많이 먹으면 탈이 날 수 있는 것처럼

하루에 1회씩만 꾸준히 풀어 보세요.

그러다 보면 어느새 어휘력이

무럭무럭 자라나 있는 걸 볼 수 있을 거예요.

자 그럼 이제 출발해 볼까요?

"

가로·세로 낱말 만들기

 낱말 만들기 연습을 해 보세요.

				대			
			리	개	종		

뿌	낚	리	모	삽
대	종	물	싯	개

★ 만들어야 할 낱말 : 낚싯대, 물 뿌리개, 모종삽
★ 낱말 만들기 방법은 7쪽을 참 고하세요.

낱말은 쏙쏙! 생각은 쑥쑥!

그림으로 낱말 찾기

지시선이 가리키는 그림을 보고 사물의 이름이나 행동, 상태 등에 해당하는 낱말을 **보기** 에서 찾아 ☐ 안에 쓰세요.

❶ 이름씨

❷ 움직씨

❸ 그림씨

❹ 이름씨

❺ 이름씨

보기 ·굽다　·되　·바가지　·사냥　·선반　·샘물　·수북하다　·짓다

낱말 뜻 알기

☐ 안에는 어떤 낱말의 첫 글자가 쓰여 있습니다. 이 첫 글자를 참고하여 ☐에 알맞은 말을 넣어 낱말 풀이를 완성해 보세요.

❶ **수북하다** : 쌓 ☐ 거나 담긴 물건 따위가 불 ☐ 하게 많다.

❷ **짓다** : 시, 소 ☐ , 편 ☐ , 노래 가사 따위와 같은 글을 쓰다.

❸ **되** : 곡 ☐ , 가루, 액체 따위를 담아 분량을 헤아리는 데 쓰는 그 ☐ .

❹ **선반** : 물 ☐ 을 얹어 두기 위하여 까치발을 받쳐서 벽에 달아 놓은 긴 널 ☐☐ .

❺ **바가지** : 박을 두 쪽으로 쪼개거나 또는 나무나 플 ☐☐☐ 으로 그와 비슷하게 만들어 물을 푸거나 물건을 담는 데 쓰는 그 ☐ .

 **낱말 친구 사총사**

다음 밑줄 친 낱말의 뜻이 다른 셋과 같지 <u>않은</u> 것은 어느 것인지 번호를 고르세요.

❶
엄마가 맛있는 오곡밥을 **지어** 주셨어.

❷
내 동생이 **지은** 시가 1등으로 뽑혔어.

❸
자유롭게 글을 **짓고**, 그것을 발표하는 시간을 가졌어.

❹
선생님께서 내가 **지은** 노래에 곡을 붙여 주셨어.

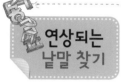 **연상되는 낱말 찾기**

다음은 세 낱말을 보고 공통으로 연상되는 낱말을 찾는 문제입니다. 세 낱말과 관련 있는 낱말을 써 보세요.

총	동물	잡다	⟶	
벽	물건	얹다	⟶	
박	물	푸다	⟶	

 **짧은 글짓기**

주어진 낱말을 이용하여 **보기** 와 같은 형식으로 짧은 글을 지어 보세요.

보기　　　누가 + 무엇을 + 어떻게 했다

샘물	
굽다	
수북하다	

낱말 쌈 싸 먹기

알쏭달쏭 헷갈리는 맞춤법, 띄어쓰기, 관용어,
한자어가 이제 한입에 쏙!
하루에 한 쪽씩 맛있게 냠냠 해치우자!

맞춤법 다음 문장에서 ( ) 안의 낱말 중 맞춤법이 맞는 낱말에 ○표 하세요.

숯으로 눈사람의 (눈섶, 눈썹)을 만들었다.

띄어쓰기 주어진 두 문장 중 하나에는 띄어쓰기가 틀린 부분이 있습니다. 둘 중 바르게 띄어쓰기를 한 문장을 찾아서 ○표 하세요.

㉮ 배추김치를 **백 포기**나 담갔습니다.　　　㉯ 배추김치를 **백포기**나 담갔습니다.

도움말 수량이나 횟수를 세는 단위는 띄어 씁니다.

관용어 ☐ 안에 낱말을 넣어서 그림 속 상황과 어울리는 속담이나 격언 등을 만들어 보세요.

심부름 다녀올 때까지 과연 내 과자가 무사할까?

☐☐☐한테
생선을 맡기다

한자어 글의 의미에 맞게 ☐ 안에 들어갈 알맞은 한자어를 **보기** 에서 찾아 써 보세요.

제목을 쓴 뒤에는 학교와 ☐☐, 반, 번호를 쓰고 마지막에 ☐☐(을)를 쓴다.

보기 ・學校　　・學年　　・姓名　　・有名

공부를 시작하기 전에 가볍게 머리를 풀어 보아요!

가로·세로 낱말 만들기

 주어진 글자를 연결하여 **01** 회에 공부한 낱말을 만들어 보세요.

			가	사			
	선						
	물						

지	냥	선	되	가
반	바	물	사	샘

★ 도전 시간	**2분**
★ 만들 낱말 수	**4개**
★ 만든 낱말 수	개

그림으로 낱말 찾기

지시선이 가리키는 그림을 보고 사물의 이름이나 행동, 상태 등에 해당하는 낱말을 **보기** 에서 찾아 ☐ 안에 쓰세요.

❶ 이름씨

❷ 이름씨

❸ 이름씨

❹ 이름씨

❺ 이름씨

다음 ☐☐ 문제를 풀어 보세요.

양말 2☐☐는 몇 짝입니까?
2 × 2 = ( )

☐☐ 2마리의 다리는 몇 개입니까?
8 × 2 = ( )

연필 2다스는 몇 ☐☐입니까?
12 × 2 = ( )

붙임 딱지를 세 개씩 네 줄 붙이면 모눈은 모두 몇 개입니까?
3 × 4 = ( )

보기 · 곱셈 · 꺼내다 · 담다 · 모눈종이 · 문어 · 자루 · 접다 · 켤레

낱말 뜻 알기

☐ 안에는 어떤 낱말의 첫 글자가 쓰여 있습니다. 이 첫 글자를 참고하여 ☐에 알맞은 말을 넣어 낱말 풀이를 완성해 보세요.

❶ **접다** : 일정한 방식으로 겹☐지게 꺾☐☐ 무엇을 만들다.

❷ **자루** : 기름하게 생긴 필☐☐☐나 연장, 무기 따위를 세는 단위.

❸ **모눈종이** : 일정한 간격으로 여러 개의 세☐줄과 가☐줄을 그린 종이.

❹ **켤레** : 신, 양☐, 버선, 방☐☐ 따위의 짝이 되는 두 개를 한 벌로 세는 단위.

❺ **꺼내다** : 속이나 안에 들어 있는 물☐ 따위를 손이나 도☐를 이용하여 밖으로 나오게 하다.

낱말 친구 사총사

다음 밑줄 친 낱말의 뜻이 다른 셋과 같지 <u>않은</u> 것은 어느 것인지 번호를 고르세요.

❶ 공이 **담긴** 바구니를 머리에 이고 반환점을 돌아오는 게임을 했어.

❷ 친구한테 정성이 가득 **담긴** 편지를 받아서 정말 기뻤어.

❸ 물통에 따뜻한 보리차를 **담아서** 가져갔어.

❹ 과일을 **담을** 예쁜 그릇을 샀어.

연상되는 낱말 찾기

다음은 세 낱말을 보고 공통으로 연상되는 낱말을 찾는 문제입니다. 세 낱말과 관련 있는 낱말을 써 보세요.

신발	양말	2개	⟶	
대머리	8개	빨판	⟶	
색종이	종이학	우산	⟶	

짧은 글짓기

주어진 낱말을 이용하여 **보기**와 같은 형식으로 짧은 글을 지어 보세요.

보기   누가 + 무엇을 + 어떻게 했다

곱셈	
자루	
꺼내다	

낱말 쌈 싸 먹기

알쏭달쏭 헷갈리는 맞춤법, 띄어쓰기, 관용어, 한자어가 이제 한입에 쏙!

하루에 한 쪽씩 맛있게 냠냠 해치우자!

맞춤법 다음 문장에서 맞춤법이 **틀린** 낱말을 찾아 바르게 고쳐 써 보세요.

영민이의 눈에 눈꼽이 끼어 있었다.　　　(　　　　　) → (　　　　　)

띄어쓰기 주어진 두 문장 중 하나에는 띄어쓰기가 틀린 부분이 있습니다. 둘 중 바르게 띄어쓰기를 한 문장을 찾아서 ○표 하세요.

㉮ **고기잡이배**를 처음 타 보았습니다.

㉯ **고기잡이 배**를 처음 타 보았습니다.

도움말 두 낱말이 합쳐져서 한 낱말이 된 경우에는 붙여 씁니다.

관용어 □ 안에 낱말을 넣어서 그림 속 상황과 어울리는 속담이나 격언 등을 만들어 보세요.

정의의 물총을 받아라!

윽! 차, 창수야, 그만하고 이거 먹어.

참자, 참아.

□□ 아이

□ 하나 더 준다

한자어 글의 의미에 맞게 □ 안에 들어갈 알맞은 사자성어를 **보기** 에서 찾아 써 보세요.

아빠는 나에게 형의 잘못을 □□□□으로 삼아 같은 잘못을 하지 말라고 말씀하셨다.

보기　· 타산지석(他山之石)　　· 기고만장(氣高萬丈)　　· 이심전심(以心傳心)

가로·세로 낱말 만들기

 주어진 글자를 연결하여 **02** 회에 공부한 낱말을 만들어 보세요.

			모	레			
				문			
				자			

이	루	눈	문	켤
레	모	어	자	종

★ 도전 시간 | **2분**

★ 만들 낱말 수 | **4개**

★ 만든 낱말 수 | **개**

낱말은 쏙쏙! 생각은 쑥쑥!

그림으로 낱말 찾기

지시선이 가리키는 그림을 보고 사물의 이름이나 행동, 상태 등에 해당하는 낱말을 **보기** 에서 찾아 ☐ 안에 쓰세요.

❸ 그림씨

❶ 이름씨

❷ 움직씨

❹ 이름씨

❺ 움직씨

보기   · 과일   · 등산   · 봉사   · 비슷하다   · 비추다   · 쏟다   · 약속   · 연락

낱말 뜻 알기

☐ 안에는 어떤 낱말의 첫 글자가 쓰여 있습니다. 이 첫 글자를 참고하여 ☐에 알맞은 말을 넣어 낱말 풀이를 완성해 보세요.

❶ **연락** : 어떤 ☐사☐ 을 상대편에게 ☐알☐ .

❷ **약속** : 다른 ☐사☐ 과 앞으로의 일을 어떻게 할 것인가를 ☐미☐ 정함. 또는 그렇게 정한 내용.

❸ **비추다** : 빛을 내는 대상이 ☐다☐ 대상에 빛을 보내어 ☐밝☐ 하다.

❹ **봉사** : 국가나 ☐사☐ 또는 남을 위하여 ☐자☐ 을 돌보지 않고 힘을 바쳐 애씀.

❺ **비슷하다** : 두 개의 대상이 크기, ☐모☐ , 상태, 성질 따위가 똑같지는 않지만 전체적 또는 ☐부☐ 적으로 같은 점이 많은 상태에 있다.

**낱말 친구 사총사**

다음 밑줄 친 낱말의 뜻이 다른 셋과 같지 <u>않은</u> 것은 어느 것인지 번호를 고르세요.

❶  동생과 장난을 치다가 음식을 **쏟아서** 엄마한테 혼났어.

❷  그림을 그리다가 실수로 짝꿍의 도화지에 물을 **쏟고** 말았어.

❸  작은 일에도 정성을 **쏟는** 우리 언니가 멋있어 보여.

❹  약이 너무 써서 할머니 몰래 개수대에 **쏟아** 버렸어.

**연상되는 낱말 찾기**

다음은 세 낱말을 보고 공통으로 연상되는 낱말을 찾는 문제입니다. 세 낱말과 관련 있는 낱말을 써 보세요.

바구니	비타민	열매	⟶	
산	배낭	오르다	⟶	
활동	헌신	보람	⟶	

**짧은 글짓기**

주어진 낱말을 이용하여 보기 와 같은 형식으로 짧은 글을 지어 보세요.

보기　누가 + 무엇을 + 어떻게 했다

연락	
등산	
비슷하다	

낱말 쌈 싸 먹기

알쏭달쏭 헷갈리는 맞춤법, 띄어쓰기, 관용어, 한자어가 이제 한입에 쏙!
하루에 한 쪽씩 맛있게 냠냠 해치우자!

맞춤법 **다음 문장에서 ( ) 안의 낱말 중 맞춤법이 맞는 낱말에 ○표 하세요.**

달걀의 (노른자, 노란자)는 영양이 풍부하다.

띄어쓰기 **주어진 두 문장 중 하나에는 띄어쓰기가 틀린 부분이 있습니다. 둘 중 바르게 띄어쓰기를 한 문장을 찾아서 ○표 하세요.**

㉮ 싫증이 난 장난감을 **맞 바꾸지** 않을래?

㉯ 싫증이 난 장난감을 **맞바꾸지** 않을래?

도움말 '서로 엇비슷하게 어떤 것을 주고받다.' 라는 뜻을 가진 한 낱말입니다.

관용어 **□ 안에 낱말을 넣어서 그림 속 상황과 어울리는 속담이나 격언 등을 만들어 보세요.**

쯧쯧, 한 달 동안 밀린 일기 다 쓰려면 날 새도 모자라겠다.
할 수 있다!
이제 이틀 치 썼어요.

갈 □ 이 멀다

한자어 **글의 의미에 맞게 □ 안에 들어갈 알맞은 한자어를 보기에서 찾아 써 보세요.**

할아버지께서는 □□(으)로 나뉜 조국이 하루 빨리 □□ 되는 것이 소원이라고 하셨다.

보기 • 南北 • 東南 • 統一 • 一日

가로·세로 낱말 만들기

04

🍯 주어진 글자를 연결하여 **03** 회에 공부한 낱말을 만들어 보세요.

산	속	연	사	일
락	과	봉	등	약

★ 도전 시간	**2분**
★ 만들 낱말 수	**5개**
★ 만든 낱말 수	**개**

 낱말은 쏙쏙! 생각은 쑥쑥!

그림으로 낱말 찾기

지시선이 가리키는 그림을 보고 사물의 이름이나 행동, 상태 등에 해당하는 낱말을 **보기** 에서 찾아 ☐ 안에 쓰세요.

❶ 이름씨
☐☐☐☐

❷ 이름씨
☐☐

❸ 이름씨
☐☐☐

❹ 이름씨
☐☐

❺ 이름씨
☐☐

나도 ☐☐☐☐ 놀이 하고 싶은데 ……

보기   • 그림자   • 방향   • 변화   • 술래잡기   • 양달   • 응달   • 자세하다   • 투명하다

낱말 뜻 알기

☐ 안에는 어떤 낱말의 첫 글자가 쓰여 있습니다. 이 첫 글자를 참고하여 ☐에 알맞은 말을 넣어 낱말 풀이를 완성해 보세요.

❶ **응달** : 볕이 잘 들지 않는 그☐☐ 곳.

❷ **투명하다** : 물체가 빛을 잘 통☐ 시키는 데가 있다.

❸ **변화** : 사물의 성질, 모☐ , 상태 따위가 바뀌어 달☐ 짐.

❹ **자세하다** : 보잘것없이 작은 부☐ 까지 아주 구☐ 적이고 분명하다.

❺ **술래잡기** : 아이들 놀☐ 의 하나. 여☐ 가운데 한 아이가 술래가 되어 다른 숨은 아이들을 찾는 놀이로, 술래에게 잡힌 아이가 다음번 술래가 됨.

 **낱말 친구 사총사**

다음 보기 의 글에서 밑줄 친 말이 뜻하는 것을 올바르게 말하고 있는 친구는 누구인지 고르세요.

> 보기   깊은 산속이라 그런지 **그림자 하나 얼씬하지 않았다**.

❶
빛이 없어서 그림자가 생기지 않았다는 뜻이야.

❷
사람들이 아주 조심스럽게 움직였다는 뜻이야.

❸
감쪽같이 없어져서 도무지 찾을 수가 없었다는 뜻이야.

❹
한 사람도 나타나지 않았다는 뜻이야.

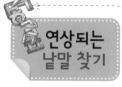 **연상되는 낱말 찾기**

다음은 세 낱말을 보고 공통으로 연상되는 낱말을 찾는 문제입니다. 세 낱말과 관련 있는 낱말을 써 보세요.

길	동서남북	가리키다	→	
그늘	음지	시원하다	→	
놀이	숨다	찾아내다	→	

 **짧은 글짓기**

주어진 낱말을 이용하여 보기 와 같은 형식으로 짧은 글을 지어 보세요.

> 보기   누가 + 무엇을 + 어떻게 했다

양달	
자세하다	
투명하다	

낱말 쌈 싸 먹기

알쏭달쏭 헷갈리는 맞춤법, 띄어쓰기, 관용어,
한자어가 이제 한입에 쏙!
하루에 한 쪽씩 맛있게 냠냠 해치우자!

맞춤법 다음 문장에서 맞춤법이 **틀린** 낱말을 찾아 바르게 고쳐 써 보세요.

현결이는 부잣집 도령님처럼 생겼다.　　　(　　　　　) → (　　　　　)

띄어쓰기 주어진 두 문장 중 하나에는 띄어쓰기가 틀린 부분이 있습니다. 둘 중 바르게 띄어쓰기를 한 문장을 찾아서 ◯표 하세요.

㉮ **90명 내지** 100명 정도를 예상하고 있어.　　㉯ **90명내지** 100명 정도를 예상하고 있어.

도움말 '내지'는 수량을 나타내는 낱말 사이에 쓰입니다.

관용어 ☐ 안에 낱말을 넣어서 그림 속 상황과 어울리는 속담이나 격언 등을 만들어 보세요.

이번 시험에서 전 과목 만점 받았다며?

와, 대단하다!

흥, 운이 좋았던 거겠지.

☐☐이 땅을 사면
☐가 아프다

한자어 글의 의미에 맞게 ☐ 안에 들어갈 알맞은 사자성어를 **보기** 에서 찾아 써 보세요.

☐☐☐☐에 따라 어른이 먼저 식사를 하시면 그 뒤에 밥을 먹으라고 할머니께서 말씀하셨다.

보기　· 살신성인(殺身成仁)　　· 결자해지(結者解之)　　· 장유유서(長幼有序)

가로·세로 낱말 만들기

05

 주어진 글자를 연결하여 **04** 회에 공부한 낱말을 만들어 보세요.

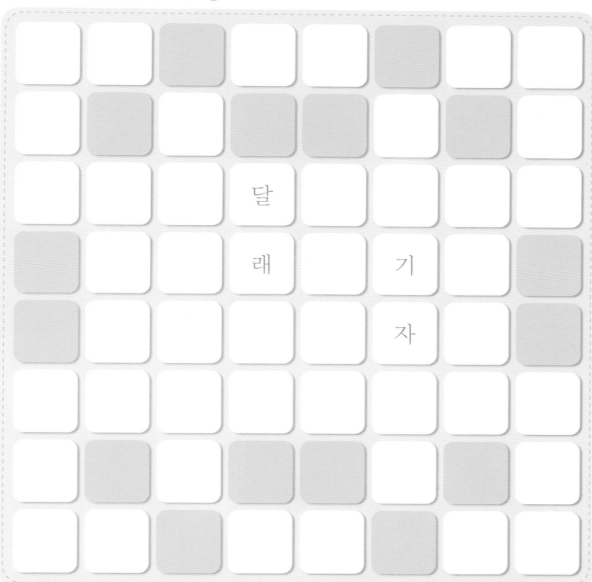

			달				
			래		기		
					자		

자	투	달	림	기
잡	술	그	래	양

★ 도전 시간 | **2분**

★ 만들 낱말 수 | **3개**

★ 만든 낱말 수 | **개**

낱말은 쏙쏙! 생각은 쑥쑥!

그림으로 낱말 찾기

지시선이 가리키는 그림을 보고 사물의 이름이나 행동, 상태 등에 해당하는 낱말을 **보기**에서 찾아 ☐ 안에 쓰세요.

❶ 어찌씨

❷ 움직씨

❸ 이름씨

❹ 어찌씨

❺ 움직씨

보기 ・깔깔대다   ・깡충깡충   ・배틀배틀   ・비눗방울   ・쓰러지다   ・악기   ・앙감질   ・표정

낱말 뜻 알기

☐ 안에는 어떤 낱말의 첫 글자가 쓰여 있습니다. 이 첫 글자를 참고하여 ☐에 알맞은 말을 넣어 낱말 풀이를 완성해 보세요.

❶ **앙감질** : 한 발은 들고 한 발로만 뛰☐ 짓.

❷ **깔깔대다** : 높은 목☐☐로 못 참을 듯이 계☐ 웃다.

❸ **악기** : 음☐을 연주하는 데 쓰는 기☐를 통틀어 이르는 말.

❹ **표정** : 마☐ 속에 품은 감☐이 겉으로 드러남. 또는 그런 모습.

❺ **배틀배틀** : 힘이 없거나 어☐☐워서 몸을 잘 가누지 못하고 계속 요리조리 쓰☐☐ 듯이 걷는 모양.

낱말 친구 사총사

다음 밑줄 친 낱말 중 다른 셋을 포함하는 큰 말에 해당하는 낱말을 고르세요.

①  나는 일곱 살 때부터 **피아노**를 배웠어.

②  **단소**는 구멍이 앞에 네 개, 뒤에 한 개가 있어.

③  우리 엄마가 연주할 수 있는 **악기**는 열 개나 돼.

④  우리 아빠는 나와 함께 **바이올린**을 배우고 계셔.

연상되는 낱말 찾기

다음은 세 낱말을 보고 공통으로 연상되는 낱말을 찾는 문제입니다. 세 낱말과 관련 있는 낱말을 써 보세요.

얼굴	기분	짓다	⟶	
토끼	흉내말	뛰다	⟶	
동그라미	거품	불다	⟶	

짧은 글짓기

주어진 낱말을 이용하여 **보기**와 같은 형식으로 짧은 글을 지어 보세요.

보기   누가 + 무엇을 + 어떻게 했다

배틀배틀	
깔깔대다	
쓰러지다	

낱말 쌈 싸 먹기

알쏭달쏭 헷갈리는 맞춤법, 띄어쓰기, 관용어, 한자어가 이제 한입에 쏙!
하루에 한 쪽씩 맛있게 냠냠 해치우자!

맞춤법 다음 문장에서 (   ) 안의 낱말 중 맞춤법이 맞는 낱말에 ○표 하세요.

> 나는 호수를 향해 (돌맹이, 돌멩이)를 던졌다.

띄어쓰기 주어진 두 문장 중 하나에는 띄어쓰기가 틀린 부분이 있습니다. 둘 중 바르게 띄어쓰기를 한 문장을 찾아서 ○표 하세요.

㉮ **홍정기 박사**를 초대해 말씀을 들었습니다.

㉯ **홍정기박사**를 초대해 말씀을 들었습니다.

도움말 호칭이나 직책을 나타내는 낱말은 띄어 씁니다.

관용어 □ 안에 낱말을 넣어서 그림 속 상황과 어울리는 속담이나 격언 등을 만들어 보세요.

더 이상 못 참아!

와! 저 순둥이가 ……

□□□도 밟으면
□□한다

한자어 글의 의미에 맞게 □ 안에 들어갈 알맞은 한자어를 **보기** 에서 찾아 써 보세요.

청각 장애를 가진 친구와 대화를 하고 싶어서 특별 □□ 시간에 □□(을)를 배웠다.

보기 •活動   •活力   •手話   •對話

가로·세로 낱말 만들기

06

 주어진 글자를 연결하여 **05** 회에 공부한 낱말을 만들어 보세요.

			비		방		
			질		기		

늦	기	감	표	방
울	앙	비	질	악

★ 도전 시간	**2분**
★ 만들 낱말 수	**3개**
★ 만든 낱말 수	개

그림으로 낱말 찾기

지시선이 가리키는 그림을 보고 사물의 이름이나 행동, 상태 등에 해당하는 낱말을 **보기** 에서 찾아 □ 안에 쓰세요.

❸ 이름씨

❹ 이름씨

❶ 이름씨

❷ 이름씨

❺ 이름씨

보기 · 갑옷   · 낫   · 무기   · 쉬다   · 장승   · 짚신   · 치우치다   · 친근하다

낱말 뜻 알기

□ 안에는 어떤 낱말의 첫 글자가 쓰여 있습니다. 이 첫 글자를 참고하여 □에 알 맞은 말을 넣어 낱말 풀이를 완성해 보세요.

❶ **짚신** : 볏[　]을 가늘게 꼬아서 만든 신.

❷ **치우치다** : 균[　]을 잃고 한[　]으로 쏠리다.

❸ **친근하다** : 사귀어 지내는 사[　]가 아주 가[　][　].

❹ **갑옷** : 싸[　]을 할 때 적의 창검이나 화[　]을 막기 위하여 입던 옷.

❺ **장승** : 돌이나 나[　]에 사람의 얼[　]을 새겨서 마을 또는 절 어귀나 길가에 세운 푯말.

낱말 친구 사총사

다음 밑줄 친 낱말의 뜻이 다른 셋과 같지 <u>않은</u> 것은 어느 것인지 번호를 고르세요.

❶
고래는 숨을 **쉬려면** 물 위로 올라와야 해.

❷
어린이 박물관은 매주 월요일에 **쉰다**는 안내문이 붙어 있었어.

❸
우리는 하던 일을 **쉬고** 간식을 먹었어.

❹
회사가 **쉬는** 날이라 아빠가 하루 종일 집에 계셨어.

연상되는 낱말 찾기

다음은 세 낱말을 보고 공통으로 연상되는 낱말을 찾는 문제입니다. 세 낱말과 관련 있는 낱말을 써 보세요.

기역	풀	베다	→	
나무	천하대장군	세우다	→	
전쟁	총칼	대포	→	

짧은 글짓기

주어진 낱말을 이용하여 **보기** 와 같은 형식으로 짧은 글을 지어 보세요.

보기 누가 + 무엇을 + 어떻게 했다

짚신	
치우치다	
친근하다	

낱말 쌈 싸 먹기

알쏭달쏭 헷갈리는 맞춤법, 띄어쓰기, 관용어,
한자어가 이제 한입에 쏙!
하루에 한 쪽씩 맛있게 냠냠 해치우자!

맞춤법 다음 문장에서 맞춤법이 **틀린** 낱말을 찾아 바르게 고쳐 써 보세요.

> 어린아이가 돌뿌리에 걸려 넘어졌다.　　　　(　　　　) → (　　　　)

띄어쓰기 주어진 두 문장 중 하나에는 띄어쓰기가 틀린 부분이 있습니다. 둘 중 바르게 띄어쓰기를 한 문장을 찾아서 ○표 하세요.

㉮ **책보다** 인형을 선물로 받고 싶었습니다.　　　　㉯ **책 보다** 인형을 선물로 받고 싶었습니다.

도움말 앞말에 뜻을 더해 주는 낱말은 붙여 씁니다.

관용어 □ 안에 낱말을 넣어서 그림 속 상황과 어울리는 속담이나 격언 등을 만들어 보세요.

ㅎㅎ

꺅!

□ 떨어지다

한자어 글의 의미에 맞게 □ 안에 들어갈 알맞은 사자성어를 **보기** 에서 찾아 써 보세요.

논밭이었던 땅에 공장들이 □□□□ 처럼 들어섰다.

보기　• 막상막하(莫上莫下)　　• 우후죽순(雨後竹筍)　　• 오합지졸(烏合之卒)

가로·세로 **낱말** 만들기

 주어진 글자를 연결하여 **06** 회에 공부한 낱말을 만들어 보세요.

				옷			
			무	장	신		

갑	신	기	장	친
승	무	옷	근	짚

★ 도전 시간	**2분**
★ 만들 낱말 수	**5개**
★ 만든 낱말 수	**개**

낱말은 쏙쏙! 생각은 쑥쑥!

**그림으로
낱말 찾기**

지시선이 가리키는 그림을 보고 사물의 이름이나 행동, 상태 등에 해당하는 낱말을
보기 에서 찾아 ☐ 안에 쓰세요.

❶ 이름씨

❷ 움직씨

❸ 이름씨

밤나무 한 ⬤⬤

❹ 움직씨

❺ 움직씨

보기   • 그루   • 나머지   • 덜다   • 도미노   • 따다   • 수목원   • 우유갑   • 줍다

**낱말 뜻
알기**

☐ 안에는 어떤 낱말의 첫 글자가 쓰여 있습니다. 이 첫 글자를 참고하여 ☐에 알
맞은 말을 넣어 낱말 풀이를 완성해 보세요.

❶ **그루** : 식물, 특히 [나]☐ 를 세는 [단]☐ .

❷ **나머지** : [나]☐☐ 똑 떨어지지 않고 [남]☐ 수.

❸ **줍다** : [바]☐ 에 [떨]☐ 지거나 흩어져 있는 것을 집다.

❹ **우유갑** : [우]☐ 를 담아 파는 작고 두꺼운 종이 [상]☐ .

❺ **수목원** : [관]☐ 이나 연구의 [목]☐ 으로 여러 가지 나무를 수집하여 재배하는 시설.

낱말 친구 사총사

다음 밑줄 친 낱말의 뜻이 다른 셋과 같지 않은 것은 어느 것인지 번호를 고르세요.

❶

사과를 **덜어** 놓을 바구니 좀 가져와.

❷

일곱에서 둘을 **덜면** 얼마가 되는지 알지?

❸

엄마 몰래 내 밥그릇에서 밥을 **덜어** 냈어.

❹

부모님의 걱정을 **덜어** 드리려고 열심히 공부했어.

연상되는 낱말 찾기

다음은 세 낱말을 보고 공통으로 연상되는 낱말을 찾는 문제입니다. 세 낱말과 관련 있는 낱말을 써 보세요.

지갑	쓰레기	숙이다	⟶	
나무	광릉	상쾌하다	⟶	
네모	놀이	넘어지다	⟶	

짧은 글짓기

주어진 낱말을 이용하여 **보기** 와 같은 형식으로 짧은 글을 지어 보세요.

보기   누가 + 무엇을 + 어떻게 했다

따다	
우유갑	
나머지	

낱말 쌈 싸 먹기

알쏭달쏭 헷갈리는 맞춤법, 띄어쓰기, 관용어, 한자어가 이제 한입에 쏙!
하루에 한 쪽씩 맛있게 냠냠 해치우자!

맞춤법 다음 문장에서 ( ) 안의 낱말 중 맞춤법이 맞는 낱말에 ○표 하세요.

(딱따구리, 딱다구리)가 나무를 쪼는 소리가 들렸다.

띄어쓰기 주어진 두 문장 중 하나에는 띄어쓰기가 틀린 부분이 있습니다. 둘 중 바르게 띄어쓰기를 한 문장을 찾아서 ○표 하세요.

㉮ 너는 **단발 머리**가 가장 잘 어울려.

㉯ 너는 **단발머리**가 가장 잘 어울려.

도움말 '귀밑이나 목덜미 언저리에서 머리털을 가지런히 자른 머리'를 뜻하는 한 낱말입니다.

관용어 □ 안에 낱말을 넣어서 그림 속 상황과 어울리는 속담이나 격언 등을 만들어 보세요.

엄마, 형이 숨겨 놓은 시험지를 찾았어요.

불난 집에
□□□ 한다

한자어 글의 의미에 맞게 □ 안에 들어갈 알맞은 한자어를 보기 에서 찾아 써 보세요.

스위스의 학자 페스탈로치는 고아와 아동들을 □□ 하는 데에 □□ (을)를 바쳤다.

보기 · 教師   · 敎育   · 一生   · 一年

가로·세로 낱말 만들기

08

 주어진 글자를 연결하여 **07** 회에 공부한 낱말을 만들어 보세요.

			수				
			지				

갑	나	루	지	목
수	유	원	우	머

★ 도전 시간	**2분**
★ 만들 낱말 수	**3개**
★ 만든 낱말 수	개

낱말은 쏙쏙! 생각은 쑥쑥!

그림으로 낱말 찾기

지시선이 가리키는 그림을 보고 사물의 이름이나 행동, 상태 등에 해당하는 낱말을 보기 에서 찾아 □ 안에 쓰세요.

❸ 이름씨

❶ 이름씨

❷ 이름씨

❹ 이름씨

❺ 이름씨

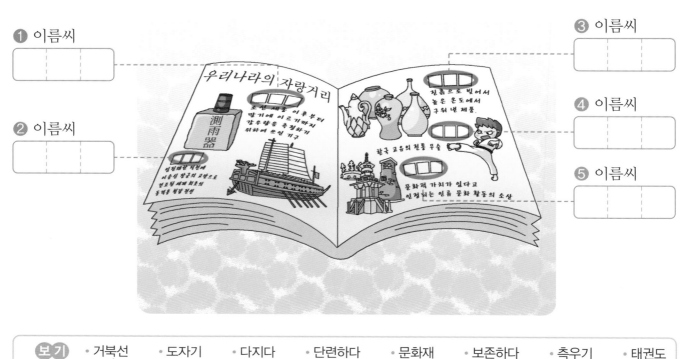

우리나라의 자랑거리

| 보기 | • 거북선 • 도자기 • 다지다 • 단련하다 • 문화재 • 보존하다 • 측우기 • 태권도 |

낱말 뜻 알기

□ 안에는 어떤 낱말의 첫 글자가 쓰여 있습니다. 이 첫 글자를 참고하여 □에 알맞은 말을 넣어 낱말 풀이를 완성해 보세요.

❶ **단련하다** : 몸과 마☐☐을 굳☐☐ 하다.

❷ **보존하다** : 잘 보☐☐하고 간수하여 남기다.

❸ **측우기** : 조선 세종 23년에 만든, 세☐☐ 최☐☐의 비가 내린 양을 재는 기구.

❹ **문화재** : 문화적 가☐☐가 뛰어나서 특별히 법으로 보호를 받는, 나라의 문화적 유☐.

❺ **도자기** : 흙으로 빚어서 높은 열로 구운 그☐. 도기, 자기, 사기, 질그릇 따위를 통☐☐ 이르는 말.

낱말 친구 사총사

다음 밑줄 친 낱말의 뜻이 다른 셋과 같지 <u>않은</u> 것은 어느 것인지 번호를 고르세요.

❶ 우리나라를 소중히 여기는 마음을 **다져** 보자.

❷ 우리는 화단에 꽃을 심고 흙을 **다졌어**.

❸ 이번 시합에서 꼭 이기겠다고 결의를 **다졌어**.

❹ 열심히 공부하겠다고 마음을 **다지며** 집으로 돌아왔어.

연상되는 낱말 찾기

다음은 세 낱말을 보고 공통으로 연상되는 낱말을 찾는 문제입니다. 세 낱말과 관련 있는 낱말을 써 보세요.

이순신	배	임진왜란	➞	
장영실	비	재다	➞	
띠	도복	겨루기	➞	

짧은 글짓기

주어진 낱말을 이용하여 보기 와 같은 형식으로 짧은 글을 지어 보세요.

보기　　누가 + 무엇을 + 어떻게 했다

도자기	
단련하다	
보존하다	

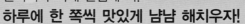

낱말 쌈 싸 먹기

알쏭달쏭 헷갈리는 맞춤법, 띄어쓰기, 관용어, 한자어가 이제 한입에 쏙!
하루에 한 쪽씩 맛있게 냠냠 해치우자!

맞춤법 다음 문장에서 맞춤법이 <u>틀린</u> 낱말을 찾아 바르게 고쳐 써 보세요.

> 우리 삼촌은 멋장이로 소문이 나 있다. ( ) → ( )

띄어쓰기 주어진 두 문장 중 하나에는 띄어쓰기가 틀린 부분이 있습니다. 둘 중 바르게 띄어쓰기를 한 문장을 찾아서 ○표 하세요.

㉮ 설 익은 밥을 맛있게 먹어 주었습니다.   **㉯ 설익은** 밥을 맛있게 먹어 주었습니다.

도움말 '충분하지 않게 익다.' 라는 뜻을 가진 한 낱말입니다.

관용어 □ 안에 낱말을 넣어서 그림 속 상황과 어울리는 속담이나 격언 등을 만들어 보세요.

□□ 가는 데
□ 간다

한자어 글의 의미에 맞게 □ 안에 들어갈 알맞은 사자성어를 **보기** 에서 찾아 써 보세요.

할아버지께서는 지나간 청춘 시절이 □□□□ (와)과 같다고 하셨다.

보기 ・일장춘몽(一場春夢)   ・대동소이(大同小異)   ・청출어람(靑出於藍)

가로·세로 낱말 만들기

09

 주어진 글자를 연결하여 **08** 회에 공부한 낱말을 만들어 보세요.

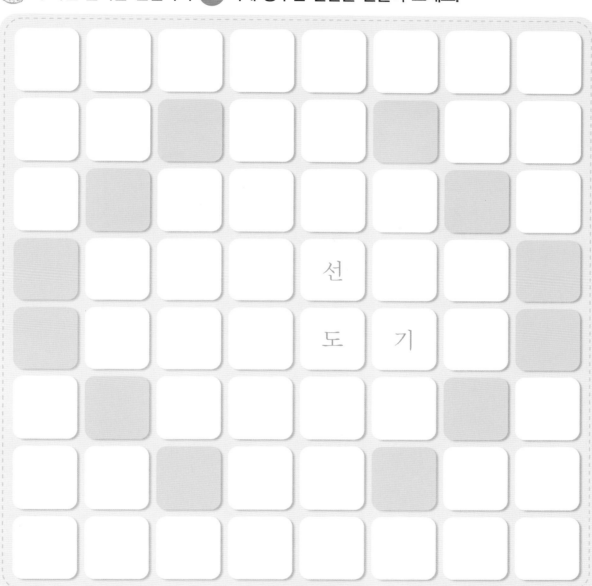

				선			
			도	기			

기	문	선	도	북
거	우	태	측	권

★ 도전 시간 ┃ **2분**

★ 만들 낱말 수 ┃ **3개**

★ 만든 낱말 수 ┃   **개**

 낱말은 쏙쏙! 생각은 쑥쑥!

그림으로 낱말 찾기

지시선이 가리키는 그림을 보고 사물의 이름이나 행동, 상태 등에 해당하는 낱말을 **보기** 에서 찾아 ☐ 안에 쓰세요.

❶ 움직씨

❷ 그림씨

❸ 움직씨

❹ 이름씨

❺ 이름씨

보기 ・계절 ・국경일 ・뚜렷하다 ・말 ・물들다 ・윷놀이 ・지다 ・특징

낱말 뜻 알기

☐ 안에는 어떤 낱말의 첫 글자가 쓰여 있습니다. 이 첫 글자를 참고하여 ☐에 알맞은 말을 넣어 낱말 풀이를 완성해 보세요.

❶ **물들다** : 빛☐이 스미거나 옮아서 묻다.

❷ **특징** : 다☐ 것에 비하여 특☐☐ 눈에 띄는 점.

❸ **뚜렷하다** : 엉클어지거나 흐☐☐ 않고 아주 분☐하다.

❹ **계절** : 규☐적으로 되풀이되는 자☐ 현상에 따라서 일 년을 구분한 것.

❺ **말** : 주사위 놀이나 윷☐☐ 따위를 할 때 말☐에서 정해진 규칙에 따라 옮기는 패.

낱말 친구 사총사

다음 밑줄 친 낱말 중 다른 셋을 포함하는 큰 말에 해당하는 낱말을 고르세요.

❶  **국경일**은 나라의 경사를 기념하기 위해 국가에서 법률로 정한 날이야.

❷  우리 가족은 **삼일절**에 독립 기념관에 다녀왔어.

❸  내 사촌 동생은 **광복절** 아침에 태어났어.

❹  **한글날** 열린 글짓기 대회에서 우리 형이 1등을 했어.

연상되는 낱말 찾기

다음은 세 낱말을 보고 공통으로 연상되는 낱말을 찾는 문제입니다. 세 낱말과 관련 있는 낱말을 써 보세요.

자연 현상	날씨	봄·여름·가을·겨울	➡	
시합	패자	눈물	➡	
명절	모	던지다	➡	

짧은 글짓기

주어진 낱말을 이용하여 [보기] 와 같은 형식으로 짧은 글을 지어 보세요.

[보기] 누가 + 무엇을 + 어떻게 했다

특징	
물들다	
뚜렷하다	

알쏭달쏭 헷갈리는 맞춤법, 띄어쓰기, 관용어, 한자어가 이제 한입에 쏙!
하루에 한 쪽씩 맛있게 냠냠 해치우자!

맞춤법 다음 문장에서 (   ) 안의 낱말 중 맞춤법이 맞는 낱말에 ○표 하세요.

이모는 (무니, 무늬)가 요란한 옷을 싫어한다.

띄어쓰기 주어진 두 문장 중 하나에는 띄어쓰기가 틀린 부분이 있습니다. 둘 중 바르게 띄어쓰기를 한 문장을 찾아서 ○표 하세요.

㉮ 소리를 지르며 꿈에서 **깨어났습니다.**

㉯ 소리를 지르며 꿈에서 **깨어 났습니다.**

도움말 '잠에서 벗어나 의식을 되찾다.' 라는 뜻을 가진 한 낱말입니다.

관용어 □ 안에 낱말을 넣어서 그림 속 상황과 어울리는 속담이나 격언 등을 만들어 보세요.

> 엄마, 밥 좀 주세요.

> 다이어트를 한다고 하루 종일 굶더니……

□가 □에 붙다

한자어 글의 의미에 맞게 □ 안에 들어갈 알맞은 한자어를 **보기** 에서 찾아 써 보세요.

□□ 아저씨들은 오늘도 □□의 안전을 위해 국방의 의무를 다하고 계신다.

보기 · 軍人   · 軍歌   · 國土   · 國民

가로·세로 낱말 만들기

 주어진 글자를 연결하여 **09** 회에 공부한 낱말을 만들어 보세요.

				징	계		
			경				
			이				

놀	징	일	절	이
국	계	윷	특	경

★ 도전 시간 : **2분**

★ 만들 낱말 수 : **4개**

★ 만든 낱말 수 : **개**

낱말 영역 |

걸린 시간 | 분 초

그림으로 낱말 찾기

지시선이 가리키는 그림을 보고 사물의 이름이나 행동, 상태 등에 해당하는 낱말을 **보기** 에서 찾아 ☐ 안에 쓰세요.

❶ 움직씨

❷ 이름씨

❸ 움직씨

❹ 움직씨

❺ 이름씨

보기 • 덧대다 • 도화지 • 돌리다 • 뜯다 • 만화 • 맑다 • 묶다 • 인상

낱말 뜻 알기

☐ 안에는 어떤 낱말의 첫 글자가 쓰여 있습니다. 이 첫 글자를 참고하여 ☐에 알맞은 말을 넣어 낱말 풀이를 완성해 보세요.

❶ **덧대다** : 대어 놓은 것 위에 겹☐ 대다.

❷ **뜯다** : 붙거나 닫힌 것을 떼☐☐ 찢거나 하다.

❸ **만화** : 이야기 따위를 간결하고 재☐ 있게 그린 그☐.

❹ **인상** : 어떤 대상에 대하여 마☐☐에 새겨지는 느☐.

❺ **돌리다** : 물체가 일정한 축을 중☐으로 원을 그리면서 움직이게 하다.

낱말 친구 사총사

다음 밑줄 친 낱말의 뜻이 다른 셋과 같지 <u>않은</u> 것은 어느 것인지 번호를 고르세요.

①
도화지에 구멍을 내고 고무줄을 **묶었어.**

②
예쁘게 리본을 **묶어서** 선물 상자에 붙였어.

③
신발 끈이 풀어지지 않도록 단단히 **묶어라.**

④
그동안 쓴 일기를 **묶어서** 책으로 냈어.

연상되는 낱말 찾기

다음은 세 낱말을 보고 공통으로 연상되는 낱말을 찾는 문제입니다. 세 낱말과 관련 있는 낱말을 써 보세요.

책	영화	그림	→	
눈동자	가을 하늘	날씨	→	
하얀색	네모	종이	→	

짧은 글짓기

주어진 낱말을 이용하여 **보기** 와 같은 형식으로 짧은 글을 지어 보세요.

보기   누가 + 무엇을 + 어떻게 했다

인상	
뜯다	
덧대다	

낱말 쌈 싸 먹기

알쏭달쏭 헷갈리는 맞춤법, 띄어쓰기, 관용어, 한자어가 이제 한입에 쏙!

하루에 한 쪽씩 맛있게 냠냠 해치우자!

맞춤법 다음 문장에서 맞춤법이 <u>틀린</u> 낱말을 찾아 바르게 고쳐 써 보세요.

밭에서 무우와 배추를 직접 뽑았다.　　　　（　　　　　）→（　　　　　）

띄어쓰기 주어진 두 문장 중 하나에는 띄어쓰기가 틀린 부분이 있습니다. 둘 중 바르게 띄어쓰기를 한 문장을 찾아서 ○표 하세요.

㉮ 신발이 **얼룩덜룩** 더럽혀져 있었습니다.　　　㉯ 신발이 **얼룩 덜룩** 더럽혀져 있었습니다.

도움말 모양이나 소리를 흉내내는 낱말은 붙여 씁니다.

관용어 □ 안에 낱말을 넣어서 그림 속 상황과 어울리는 속담이나 격언 등을 만들어 보세요.

> 불러 놓고 왜 아무 말이 없니?

> 네 앞에 서면 말이 안 나와.

꿀 먹은 □□□

한자어 글의 의미에 맞게 □ 안에 들어갈 알맞은 사자성어를 **보기** 에서 찾아 써 보세요.

한 번 이긴 것을 가지고 □□□□ 해서 잘난 척을 하는 성준이의 모습이 얄미웠다.

보기 · 두문불출(杜門不出)　　· 기고만장(氣高萬丈)　　· 적반하장(賊反荷杖)

가로·세로 낱말 만들기

11

 주어진 글자를 연결하여 **10** 회에 공부한 낱말을 만들어 보세요.

			도	리			
			지				
			상				

도	상	다	준	리
만	돌	지	인	화

★ 도전 시간	**2분**
★ 만들 낱말 수	**4개**
★ 만든 낱말 수	**개**

낱말은 쏙쏙! 생각은 쑥쑥!

낱말 영역 |

걸린 시간 | 　분　　초

그림으로 낱말 찾기

지시선이 가리키는 그림을 보고 사물의 이름이나 행동, 상태 등에 해당하는 낱말을 **보기** 에서 찾아 ☐ 안에 쓰세요.

❶ 이름씨

❷ 이름씨

❸ 움직씨

❹ 그림씨

❺ 움직씨

보기 · 꾀병　　· 넘어지다　　· 배려　　· 버릇　　· 부러뜨리다　　· 산책　　· 지저분하다　　· 화창하다

낱말 뜻 알기

☐ 안에는 어떤 낱말의 첫 글자가 쓰여 있습니다. 이 첫 글자를 참고하여 ☐에 알맞은 말을 넣어 낱말 풀이를 완성해 보세요.

❶ **배려** : 도☐ 을 주거나 보살펴 주려고 마☐ 을 씀.

❷ **화창하다** : 날☐ 가 맑고 따☐ 하며 바람이 부드럽다.

❸ **버릇** : 오랫동안 자꾸 반☐ 하여 몸에 익어 버린 행☐ .

❹ **산책** : 휴☐ 을 취하거나 건☐ 을 위해서 천천히 걷는 일.

❺ **넘어지다** : 사람이나 물체가 한☐ 으로 기울어지며 쓰☐☐☐ .

낱말 친구 사총사

다음 밑줄 친 낱말의 뜻이 다른 셋과 같지 <u>않은</u> 것은 어느 것인지 번호를 고르세요.

❶ 세수를 언제 했기에 얼굴이 그렇게 **지저분하니**?

❷ 학용품을 **지저분하게** 늘어놓았다고 엄마한테 혼났어.

❸ 아빠 구두가 **지저분한** 걸 보고 깨끗이 닦아 드렸어.

❹ 옷이 너무 **지저분해서** 갈아입고 와야겠어.

연상되는 낱말 찾기

다음은 세 낱말을 보고 공통으로 연상되는 낱말을 찾는 문제입니다. 세 낱말과 관련 있는 낱말을 써 보세요.

아이	거짓	아프다	⟶	
세 살	여든	습관	⟶	
건강	길	걷다	⟶	

짧은 글짓기

주어진 낱말을 이용하여 **보기** 와 같은 형식으로 짧은 글을 지어 보세요.

보기   누가 + 무엇을 + 어떻게 했다

배려	
넘어지다	
부러뜨리다	

낱말 쌈 싸 먹기

알쏭달쏭 헷갈리는 맞춤법, 띄어쓰기, 관용어,
한자어가 이제 한입에 쏙!
하루에 한 쪽씩 맛있게 냠냠 해치우자!

맞춤법 다음 문장에서 ( ) 안의 낱말 중 맞춤법이 맞는 낱말에 ○표 하세요.

나는 고기를 (상치, 상추)에 싸 먹는 걸 좋아한다.

띄어쓰기 주어진 두 문장 중 하나에는 띄어쓰기가 틀린 부분이 있습니다. 둘 중 바르게 띄어쓰기를 한 문장을 찾아서 ○표 하세요.

㉮ 잠을 **자기는 커녕** 자리에 눕지도 못했어.   ㉯ 잠을 **자기는커녕** 자리에 눕지도 못했어.

도움말 '커녕'은 앞말을 도와주거나 뜻을 더해 주는 낱말입니다.

관용어 □ 안에 낱말을 넣어서 그림 속 상황과 어울리는 속담이나 격언 등을 만들어 보세요.

우물에 가 □□ 찾는다

한자어 글의 의미에 맞게 □ 안에 들어갈 알맞은 한자어를 **보기** 에서 찾아 써 보세요.

어려운 □□ 문제의 □□을 나 혼자 맞혀서 무척 기분이 좋았다.

보기 · 學問   · 數學   · 正答   · 正直

가로·세로 낱말 만들기

12

🏺 주어진 글자를 연결하여 **11** 회에 공부한 낱말을 만들어 보세요.

				산			
				화			
				려			

창	려	화	꾀	버
저	산	병	배	책

★ 도전 시간 | **2분**

★ 만들 낱말 수 | **4개**

★ 만든 낱말 수 | 개

그림으로 낱말 찾기

지시선이 가리키는 그림을 보고 사물의 이름이나 행동, 상태 등에 해당하는 낱말을 보기 에서 찾아 □ 안에 쓰세요.

❶ 이름씨

❷ 움직씨

❸ 이름씨

❹ 이름씨

❺ 움직씨

말풍선: 남과 북이 어서 빨리 □□이 되게 해 주세요

보기 ·고향 ·기둥 ·기원하다 ·민족 ·자유 ·출입문 ·통일 ·헤어지다

낱말 뜻 알기

□ 안에는 어떤 낱말의 첫 글자가 쓰여 있습니다. 이 첫 글자를 참고하여 □에 알맞은 말을 넣어 낱말 풀이를 완성해 보세요.

❶ **기원하다** : 바□□□ 일이 이루어지기를 빌다.

❷ **고향** : 자기가 태□□ 서 자란 곳. 또는 조□ 대대로 살아온 곳.

❸ **통일** : 나□□ 진 것들을 합쳐서 하□ 의 조직·체계 아래로 모이게 함.

❹ **기둥** : 돌, 쇠, 벽돌, 콘□□□ 따위로 모나거나 둥글게 만들어 곧추 높□ 세운 것.

❺ **민족** : 일정한 지역에서 오랜 세월 동안 공□ 생활을 하면서 언□ 와 문화상의 공통성에 기초하여 역사적으로 형성된 사회 집단.

낱말 친구 사총사

다음 보기 의 글에서 밑줄 친 말이 뜻하는 것을 올바르게 말하고 있는 친구는 누구인지 고르세요.

> **보기** **기둥보다 서까래가 더 굵다**더니 왜 네가 나서서 설치니?

❶ 어떤 일을 하는 데 나서는 사람이 너무 많다는 뜻이야.

❷ 주가 되는 사람보다 옆에서 도와주는 사람의 능력이 더 뛰어나다는 뜻이야.

❸ 주가 되는 것과 그에 따르는 것이 잘 어울린다는 뜻이야.

❹ 주가 되는 것과 그에 따르는 것이 뒤바뀌어 사리에 어긋난다는 뜻이야.

연상되는 낱말 찾기

다음은 세 낱말을 보고 공통으로 연상되는 낱말을 찾는 문제입니다. 세 낱말과 관련 있는 낱말을 써 보세요.

우리나라	소원	평화	→	
시골	명절	그리워하다	→	
독립	마음대로	해방	→	

짧은 글짓기

주어진 낱말을 이용하여 보기 와 같은 형식으로 짧은 글을 지어 보세요.

> **보기** 누가 + 무엇을 + 어떻게 했다

민족	
출입문	
헤어지다	

낱말 쌈 싸 먹기

알쏭달쏭 헷갈리는 맞춤법, 띄어쓰기, 관용어,
한자어가 이제 한입에 쏙!
하루에 한 쪽씩 맛있게 냠냠 해치우자!

맞춤법 다음 문장에서 맞춤법이 **틀린** 낱말을 찾아 바르게 고쳐 써 보세요.

진호는 성냥개피로 장난감 집을 만들었다. ( ) → ( )

띄어쓰기 주어진 두 문장 중 하나에는 띄어쓰기가 틀린 부분이 있습니다. 둘 중 바르게 띄어쓰기를 한 문장을 찾아서 ○표 하세요.

㉮ 그중에서도 **막내딸**이 가장 예뻤습니다. ㉯ 그중에서도 **막내 딸**이 가장 예뻤습니다.

도움말 '맨 나중에 낳은 딸'을 뜻하는 한 낱말입니다.

관용어 □ 안에 낱말을 넣어서 그림 속 상황과 어울리는 속담이나 격언 등을 만들어 보세요.

과자 봉지 묶어 놔야 되는데 고무줄이 어디 있지? 평소엔 눈에 잘 띄더니…….

개똥도 □에 쓰려면 없다

한자어 글의 의미에 맞게 □ 안에 들어갈 알맞은 사자성어를 **보기**에서 찾아 써 보세요.

눈 가리고 아웅 하는 □□□□ 같은 말에 속지 않아.

보기 ・자업자득(自業自得) ・일거양득(一擧兩得) ・조삼모사(朝三暮四)

가로·세로 낱말 만들기

13

 주어진 글자를 연결하여 **12** 회에 공부한 낱말을 만들어 보세요.

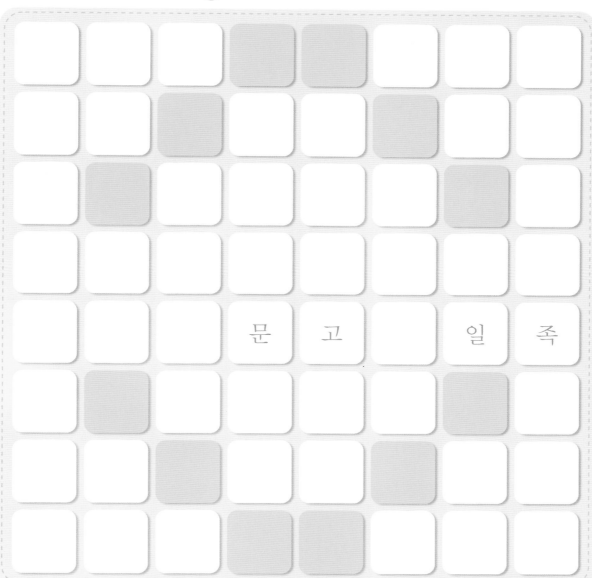

			문	고		일	족

문	일	자	향	입
민	고	출	통	족

★ 도전 시간 | **2분**

★ 만들 낱말 수 | **4개**

★ 만든 낱말 수 | 개

낱말은 쏙쏙! 생각은 쑥쑥!

낱말 영역 |

걸린 시간 | 분 초

그림으로 낱말 찾기

지시선이 가리키는 그림을 보고 사물의 이름이나 행동, 상태 등에 해당하는 낱말을 **보기** 에서 찾아 ☐ 안에 쓰세요.

❶ 이름씨

❷ 이름씨

❸ 움직씨

❹ 이름씨

❺ 이름씨

보기 • 도깨비   • 꽹과리   • 부채   • 사물놀이   • 천둥   • 한복   • 휘두르다   • 흥겹다

낱말 뜻 알기

☐ 안에는 어떤 낱말의 첫 글자가 쓰여 있습니다. 이 첫 글자를 참고하여 ☐에 알맞은 말을 넣어 낱말 풀이를 완성해 보세요.

❶ **흥겹다** : 매우 흥이 나서 ⬚즐⬚⬚ .

❷ **천둥** : 하늘에서 ⬚번⬚ 가 치고 우르릉거리는 ⬚소⬚ 가 나는 현상.

❸ **사물놀이** : 네 사람이 각기 ⬚꽹⬚⬚ , 징, ⬚장⬚ , 북을 가지고 어우러져 치는 놀이.

❹ **휘두르다** : 손에 잡은 물건을 ⬚마⬚ 흔들다. 또는 ⬚사⬚ 이나 일을 제 마음대로 마구 다루다.

❺ **도깨비** : 동물이나 사람의 모습을 한 잡된 ⬚귀⬚ 의 하나. 비상한 힘과 재주를 가지고 있어 사람을 홀리기도 하고 짓궂은 ⬚장⬚ 이나 심술궂은 짓을 많이 한다고 함.

낱말 친구 사총사

다음 보기 의 글에서 밑줄 친 말이 뜻하는 것을 올바르게 말하고 있는 친구는 누구인지 고르세요.

> **보기** **천둥에 개 뛰어들 듯** 움직이지 말고 가만히 좀 있어.

①
놀라 어쩔 줄 모르고 허둥지둥하는 모양을 나타내는 말이야.

②
좋아서 펄쩍펄쩍 뛰는 모양을 나타내는 말이야.

③
무서워서 벌벌 떠는 모양을 나타내는 말이야.

④
화가 나서 소리를 버럭버럭 지르는 모양을 나타내는 말이야.

연상되는 낱말 찾기

다음은 세 낱말을 보고 공통으로 연상되는 낱말을 찾는 문제입니다. 세 낱말과 관련 있는 낱말을 써 보세요.

우리나라	옷	명절	⟶	
시원하다	여름	바람	⟶	
뿔	방망이	감투	⟶	

짧은 글짓기

주어진 낱말을 이용하여 보기 와 같은 형식으로 짧은 글을 지어 보세요.

> **보기** 누가 + 무엇을 + 어떻게 했다

꽹과리	
흥겹다	
휘두르다	

낱말 쌈 싸 먹기

알쏭달쏭 헛갈리는 맞춤법, 띄어쓰기, 관용어,
한자어가 이제 한입에 쏙!
하루에 한 쪽씩 맛있게 냠냠 해치우자!

맞춤법 다음 문장에서 ( ) 안의 낱말 중 맞춤법이 맞는 낱말에 ○표 하세요.

주영이는 앞에서부터 (세째, 셋째) 줄에 앉아 있었다.

띄어쓰기 주어진 두 문장 중 하나에는 띄어쓰기가 틀린 부분이 있습니다. 둘 중 바르게 띄어쓰기를 한 문장을 찾아서 ○표 하세요.

㉮ 며칠째 **강 추위**가 계속되고 있습니다.   ㉯ 며칠째 **강추위**가 계속되고 있습니다.

도움말 '눈이 오고 매운바람이 부는 심한 추위'를 뜻하는 한 낱말입니다.

관용어 □ 안에 낱말을 넣어서 그림 속 상황과 어울리는 속담이나 격언 등을 만들어 보세요.

□□이 캄캄하다

한자어 글의 의미에 맞게 □ 안에 들어갈 알맞은 한자어를 보기 에서 찾아 써 보세요.

□□ 봉투에 □□를 잘못 쓰는 바람에, 제대로 배달이 되지 않았다.

보기 · 便紙   · 面紙   · 名所   · 住所

가로·세로 낱말 만들기

14

 주어진 글자를 연결하여 **13** 회에 공부한 낱말을 만들어 보세요.

		도					
		사					
		부					

사	도	채	휘	깨
비	이	물	부	놀

★ 도전 시간	**2분**
★ 만들 낱말 수	**3개**
★ 만든 낱말 수	개

낱말은 쏙쏙! 생각은 쑥쑥!

낱말 영역 |

걸린 시간 | 　분　　초

그림으로 낱말 찾기

지시선이 가리키는 그림을 보고 사물의 이름이나 행동, 상태 등에 해당하는 낱말을 보기 에서 찾아 □ 안에 쓰세요.

❶ 이름씨

❷ 움직씨

❸ 움직씨

❹ 움직씨

❺ 이름씨

보기 　• 고깔　　• 귓속말　　• 기지개　　• 돋아나다　　• 묻다　　• 절뚝이다　　• 주저앉다　　• 품삯

낱말 뜻 알기

□ 안에는 어떤 낱말의 첫 글자가 쓰여 있습니다. 이 첫 글자를 참고하여 □에 알맞은 말을 넣어 낱말 풀이를 완성해 보세요.

❶ **기지개** : 피□ 할 때에 몸을 쭉 펴고 팔□□ 를 뻗는 일.

❷ **절뚝이다** : 한쪽 다□ 가 짧거나 탈이 나서 뒤뚝뒤뚝 절다.

❸ **고깔** : 승려나 무당 또는 농악대들이 머□ 에 쓰는, 위 끝이 뾰족하게 생긴 모□ .

❹ **품삯** : 품(어떤 일에 드는 힘이나 수고)을 판 대□ 로 받거나, 품을 산 대□ 로 주는 돈이나 물건.

❺ **돋아나다** : 속에 생긴 것이 겉으로 또□□ 나오거나 나타나다. 또는 살□ 에 속으로부터 어떤 것이 우툴두툴하게 내밀어 오르다.

낱말 친구 사총사

다음 밑줄 친 낱말의 뜻이 다른 셋과 같지 <u>않은</u> 것은 어느 것인지 번호를 고르세요.

❶  손에 풀이 **묻었는데**, 잘 닦이지가 않아.

❷  도대체 옷에 뭘 **묻혀** 온 거니?

❸ 물이 **묻어** 있는 우산은 그냥 접어 두면 안 돼.

❹  키우던 강아지가 죽어서 나무 밑에 **묻어** 주었어.

연상되는 낱말 찾기

다음은 세 낱말을 보고 공통으로 연상되는 낱말을 찾는 문제입니다. 세 낱말과 관련 있는 낱말을 써 보세요.

생일	모자	뾰족하다	→	
귀	비밀	소곤소곤	→	
새싹	땀띠	소름	→	

짧은 글짓기

주어진 낱말을 이용하여 보기 와 같은 형식으로 짧은 글을 지어 보세요.

보기 누가 + 어디서 + 무엇을 + 어떻게 했다

품삯	
기지개	
주저앉다	

낱말 쌈 싸 먹기

알쏭달쏭 헛갈리는 맞춤법, 띄어쓰기, 관용어, 한자어가 이제 한입에 쏙!
하루에 한 쪽씩 맛있게 냠냠 해치우자!

맞춤법 다음 문장에서 맞춤법이 **틀린** 낱말을 찾아 바르게 고쳐 써 보세요.

이가 생겨서 머리가락을 싹둑 잘랐다.　　　（　　　　　）→（　　　　　）

띄어쓰기 주어진 두 문장 중 하나에는 띄어쓰기가 틀린 부분이 있습니다. 둘 중 바르게 띄어쓰기를 한 문장을 찾아서 ○표 하세요.

㉮ 겁이 났지만 **물러나지** 않았습니다.　　　㉯ 겁이 났지만 **물러 나지** 않았습니다.

도움말 '뒤나 옆으로 몸을 옮기다.' 라는 뜻을 가진 한 낱말입니다.

관용어 □ 안에 낱말을 넣어서 그림 속 상황과 어울리는 속담이나 격언 등을 만들어 보세요.

으악!
다 그리고
말리는
중인데……,

다 된 □ 에 □ 풀기

한자어 글의 의미에 맞게 □ 안에 들어갈 알맞은 사자성어를 **보기** 에서 찾아 써 보세요.

형은 무슨 생각을 하는지 사흘 동안 □□□□ 하며, 집 밖으로 나가지 않았다.

보기 · 두문불출(杜門不出)　　· 살신성인(殺身成仁)　　· 오리무중(五里霧中)

가로·세로 낱말 만들기

15

🍿 주어진 글자를 연결하여 ⑭ 회에 공부한 낱말을 만들어 보세요.

말	지	품	기	샀
개	고	속	깔	귓

★ 도전 시간	**2분**
★ 만들 낱말 수	**4개**
★ 만든 낱말 수	개

낱말은 쏙쏙! 생각은 쑥쑥!

그림으로 낱말 찾기

지시선이 가리키는 그림을 보고 사물의 이름이나 행동, 상태 등에 해당하는 낱말을 보기 에서 찾아 ☐ 안에 쓰세요.

❶ 움직씨

❷ 이름씨

❸ 이름씨

❹ 움직씨

❺ 움직씨

보기 · 가로   · 거리   · 벌리다   · 세로   · 잇다   · 자르다   · 포장   · 학용품

낱말 뜻 알기

☐ 안에는 어떤 낱말의 첫 글자가 쓰여 있습니다. 이 첫 글자를 참고하여 ☐에 알맞은 말을 넣어 낱말 풀이를 완성해 보세요.

❶ **잇다** : 두 끝을 맞대어 붙☐☐ .

❷ **세로** : 위에서 아☐ 로 나 있는 방향. 또는 그 길이.

❸ **가로** : 왼☐ 에서 오☐☐ 으로 나 있는 방향. 또는 그 길이.

❹ **거리** : 두 개의 물건이나 장☐ 따위가 공간적으로 떨어진 길☐ .

❺ **포장** : 물☐ 을 싸거나 꾸밈. 또는 싸거나 꾸미는 데 쓰는 천이나 종☐ .

낱말 친구 사총사

다음 밑줄 친 낱말의 뜻이 다른 셋과 같지 <u>않은</u> 것은 어느 것인지 번호를 고르세요.

① 동생이 인형 머리카락을 싹둑 **잘라** 버렸어.

② 엄마가 긴치마를 **잘라** 짧은 치마를 만들어 주셨어.

③ 머리 끈이 너무 길어서 조금 **잘라** 내었어.

④ 누나는 절대 안 된다고 딱 **잘라** 말했어.

연상되는 낱말 찾기

다음은 세 낱말을 보고 공통으로 연상되는 낱말을 찾는 문제입니다. 세 낱말과 관련 있는 낱말을 써 보세요.

리본	선물	싸다	⟶	
학습	공책	필기도구	⟶	
입	양팔	간격	⟶	

짧은 글짓기

주어진 낱말을 이용하여 **보기** 와 같은 형식으로 짧은 글을 지어 보세요.

보기 누가 + 왜 + 무엇을 + 어떻게 했다

가로	
거리	
잇다	

낱말 쌈 싸 먹기

알쏭달쏭 헷갈리는 맞춤법, 띄어쓰기, 관용어, 한자어가 이제 한입에 쏙!
하루에 한 쪽씩 맛있게 냠냠 해치우자!

맞춤법 다음 문장에서 ( ) 안의 낱말 중 맞춤법이 맞는 낱말에 ○표 하세요.

친구가 낸 (수수께끼, 수수깨끼)를 모두 알아맞혔다.

띄어쓰기 주어진 두 문장 중 하나에는 띄어쓰기가 틀린 부분이 있습니다. 둘 중 바르게 띄어쓰기를 한 문장을 찾아서 ○표 하세요.

㉮ 할머니께서 **너울너울** 춤을 추셨습니다.

㉯ 할머니께서 **너울 너울** 춤을 추셨습니다.

도움말 모양이나 소리를 흉내내는 낱말입니다.

관용어 □ 안에 낱말을 넣어서 그림 속 상황과 어울리는 속담이나 격언 등을 만들어 보세요.

형이 내 과자 못 뺏어 먹게 할거예요.

쯧쯧, 이미 다 먹었는데 무슨 소용이니?

□ 잃고 □ □ □
고친다

한자어 글의 의미에 맞게 □ 안에 들어갈 알맞은 한자어를 **보기**에서 찾아 써 보세요.

□ □ (은)는 도시에 많고, 논밭은 □ □ 에 많다.

보기 ・工場 ・木工 ・農村 ・農事

가로·세로 낱말 만들기

16

 주어진 글자를 연결하여 15 회에 공부한 낱말을 만들어 보세요.

			거		가	장	
			품				

가	세	품	장	리
용	거	포	학	로

★ 도전 시간 | **1분**

★ 만들 낱말 수 | **5개**

★ 만든 낱말 수 | 개

낱말은 쏙쏙! 생각은 쑥쑥!

낱말 영역 |

걸린 시간 | 분 초

그림으로 낱말 찾기

지시선이 가리키는 그림을 보고 사물의 이름이나 행동, 상태 등에 해당하는 낱말을 **보기** 에서 찾아 ☐ 안에 쓰세요.

❶ 이름씨

❷ 이름씨

❸ 이름씨

❹ 이름씨

❺ 움직씨

보기 ・가훈 ・따르다 ・베풀다 ・사랑하다 ・설거지 ・양보 ・타이르다 ・효도

낱말 뜻 알기

☐ 안에는 어떤 낱말의 첫 글자가 쓰여 있습니다. 이 첫 글자를 참고하여 ☐에 알맞은 말을 넣어 낱말 풀이를 완성해 보세요.

❶ **타이르다** : 잘 |깨| |도록 일의 |이| |를 밝혀 말해 주다.

❷ **양보** : 길이나 자리, |물| | 따위를 |사| |하여 남에게 미루어 줌.

❸ **가훈** : 한 |집| |의 조상이나 어른이 |자| |들에게 일러 주는 가르침.

❹ **베풀다** : 남에게 돈을 주거나 일을 도와주어서 |혜| |을 받게 하다.

❺ **사랑하다** : |부| |나 스승, 또는 신이나 윗사람이 자식이나 제자, 또는 인간이나 아랫사람을 아끼고 |소| | | 여기다.

낱말 친구 사총사

다음 밑줄 친 낱말의 뜻이 다른 셋과 같지 <u>않은</u> 것은 어느 것인지 번호를 고르세요.

❶ 음료수를 **따를** 때에는 쏟아지지 않도록 조심해야 해.

❷ 언니는 아버지의 뜻을 **따라서** 의사가 되기로 했어.

❸ 나는 어느 누구의 명령도 **따르고** 싶지 않아.

❹ 선생님의 권유에 **따라** 야구를 시작했어.

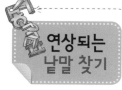

연상되는 낱말 찾기

다음은 세 낱말을 보고 공통으로 연상되는 낱말을 찾는 문제입니다. 세 낱말과 관련 있는 낱말을 써 보세요.

가정	가르침	표어	⟶	
도리	부모님	섬기다	⟶	
부엌	그릇	씻다	⟶	

짧은 글짓기

주어진 낱말을 이용하여 보기 와 같은 형식으로 짧은 글을 지어 보세요.

보기 누가 + 누구에게 + 무엇을 + 어떻게 했다

양보	
베풀다	
타이르다	

낱말 쌈 싸 먹기

알쏭달쏭 헛갈리는 맞춤법, 띄어쓰기, 관용어,
한자어가 이제 한입에 쏙!
하루에 한 쪽씩 맛있게 냠냠 해치우자!

맞춤법 다음 문장에서 맞춤법이 **틀린** 낱말을 찾아 바르게 고쳐 써 보세요.

새벽이 되자 수닭이 큰 소리로 울어 댔다.   (   ) → (   )

띄어쓰기 주어진 두 문장 중 하나에는 띄어쓰기가 틀린 부분이 있습니다. 둘 중 바르게 띄어쓰기를 한 문장을 찾아서 ○표 하세요.

㉮ 물 **한 모금** 못 먹고 사흘을 버텼습니다.   ㉯ 물 **한모금** 못 먹고 사흘을 버텼습니다.

도움말 '모금'은 수량을 세는 단위입니다.

관용어 □ 안에 낱말을 넣어서 그림 속 상황과 어울리는 속담이나 격언 등을 만들어 보세요.

> 어머, 선아야! 반가워!
>
> 아야야!

□이 맵다

한자어 글의 의미에 맞게 □ 안에 들어갈 알맞은 사자성어를 **보기** 에서 찾아 써 보세요.

원님의 잔칫상에는 생전 처음 보는 □□□□(이)가 가득 차려져 있었다.

보기 ・산전수전(山戰水戰)   ・호의호식(好衣好食)   ・산해진미(山海珍味)

가로·세로 낱말 만들기

 주어진 글자를 연결하여 16 회에 공부한 낱말을 만들어 보세요.

						가	
				도	사		

도	지	랑	가	비
거	훈	효	사	설

★ 도전 시간 | **1분**

★ 만들 낱말 수 | **4개**

★ 만든 낱말 수 | 개

낱말은 쏙쏙! 생각은 쑥쑥!

그림으로 낱말 찾기

지시선이 가리키는 그림을 보고 사물의 이름이나 행동, 상태 등에 해당하는 낱말을 보기 에서 찾아 ☐ 안에 쓰세요.

❸ 움직씨

❹ 이름씨

❶ 이름씨

❺ 이름씨

❷ 움직씨

보기   •검색   •광고지   •덕분   •도매   •만들다   •생산   •탁자   •잡지   •찢다

낱말 뜻 알기

☐ 안에는 어떤 낱말의 첫 글자가 쓰여 있습니다. 이 첫 글자를 참고하여 ☐에 알맞은 말을 넣어 낱말 풀이를 완성해 보세요.

❶ **덕분** : 베풀어 준 은☐ 나 도☐ .

❷ **도매** : 물건을 낱☐ 로 팔지 않고 여☐ 개를 한꺼번에 팖.

❸ **생산** : 인간이 생☐ 하는 데 필요한 각종 물☐ 을 만들어 냄.

❹ **잡지** : 일정한 이☐ 을 가지고 호를 거듭하며 정☐☐ 으로 간행하는 책.

❺ **검색** : 책이나 컴☐☐ 에서, 목적에 따라 필요한 자☐ 들을 찾아내는 일.

낱말 친구 사총사

다음 밑줄 친 낱말의 뜻이 다른 셋과 같지 <u>않은</u> 것은 어느 것인지 번호를 고르세요.

❶
할머니께서 **만들어** 주시는 음식은 참 맛있어.

❷
재활용품을 이용해 미술 작품을 **만들었어.**

❸
측우기를 **만든** 사람이 누구인지 아니?

❹
다 같이 의논해서 규칙을 **만들면** 좋겠어.

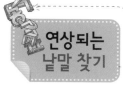
연상되는 낱말 찾기

다음은 세 낱말을 보고 공통으로 연상되는 낱말을 찾는 문제입니다. 세 낱말과 관련 있는 낱말을 써 보세요.

인터넷	자료	찾다	➡	
묶음	팔다	물건	➡	
홍보	종이	알리다	➡	

짧은 글짓기

주어진 낱말을 이용하여 보기 와 같은 형식으로 짧은 글을 지어 보세요.

보기   누가 + 무엇으로 + 무엇을 + 어떻게 했다

탁자	
생산	
덕분	

낱말 쌈 싸 먹기

알쏭달쏭 헷갈리는 맞춤법, 띄어쓰기, 관용어, 한자어가 이제 한입에 쏙!
하루에 한 쪽씩 맛있게 냠냠 해치우자!

맞춤법 다음 문장에서 ( ) 안의 낱말 중 맞춤법이 맞는 낱말에 ○표 하세요.

오후에 친구들과 (술레잡기, 술래잡기)를 했다.

띄어쓰기 주어진 두 문장 중 하나에는 띄어쓰기가 틀린 부분이 있습니다. 둘 중 바르게 띄어쓰기를 한 문장을 찾아서 ○표 하세요.

㉮ 늦게 일어나서 **아침 밥**을 못 먹었습니다.

㉯ 늦게 일어나서 **아침밥**을 못 먹었습니다.

도움말 '아침 끼니로 먹는 밥'을 뜻하는 한 낱말입니다.

관용어 □ 안에 낱말을 넣어서 그림 속 상황과 어울리는 속담이나 격언 등을 만들어 보세요.

> 창민이에게 고백할까?

> 윤아가 창민이를 좋아한단 말이지, 킥!

□□은 새가 듣고
□□은 쥐가 듣는다

한자어 글의 의미에 맞게 □ 안에 들어갈 알맞은 한자어를 보기 에서 찾아 써 보세요.

우리는 운동장에 있다가 □□ 교육을 받기 위해 □□(으)로 들어갔다.

보기 · 安全   · 問安   · 室外   · 室內

가로·세로 낱말 만들기

 주어진 글자를 연결하여 **17** 회에 공부한 낱말을 만들어 보세요.

				지			
			검	도			

검	잡	지	매	고
광	도	분	색	덕

★ 도전 시간 | **1분**

★ 만들 낱말 수 | **5개**

★ 만든 낱말 수 | **개**

낱말은 쏙쏙! 생각은 쑥쑥!

 **그림으로 낱말 찾기**

지시선이 가리키는 그림을 보고 사물의 이름이나 행동, 상태 등에 해당하는 낱말을 **보기** 에서 찾아 ☐ 안에 쓰세요.

❸ 이름씨

❶ 이름씨

❷ 이름씨

❹ 이름씨

❺ 이름씨

보기 · 가을걷이   · 금수강산   · 논   · 소고   · 이삭   · 찌다   · 타작   · 풍년

 **낱말 뜻 알기**

☐ 안에는 어떤 낱말의 첫 글자가 쓰여 있습니다. 이 첫 글자를 참고하여 ☐에 알맞은 말을 넣어 낱말 풀이를 완성해 보세요.

❶ **논** : 물을 대어 주로 ☐ 를 심어 가꾸는 땅.

❷ **가을걷이** : 가☐ 에 익은 곡☐ 을 거두어들임.

❸ **타작** : 곡☐ 의 이☐ 을 떨어서 낟알을 거두는 일.

❹ **풍년** : 곡식이 잘 자☐☐ 잘 여물어 평년보다 수확이 많☐ 해.

❺ **이삭** : 벼, 보리 따위의 곡식에서, 꽃이 피고 꽃대의 끝에 열☐ 가 더부룩하게 많이 열리는 부분.

또는 곡식이나 과일, 나물 따위를 거둘 때 흘☐ 거나 빠뜨린 것을 이르는 말.

낱말 친구 사총사

다음 밑줄 친 낱말의 뜻이 다른 셋과 같지 <u>않은</u> 것은 어느 것인지 번호를 고르세요.

① 어떻게 하면 **찐** 살을 다시 뺄 수 있을까?

② 할머니께서 고구마와 감자를 맛있게 **쪄** 주셨어.

③ 몸이 너무 **쪄서** 움직이기가 불편할 정도야.

④ 살이 너무 많이 **찌면** 병에 걸릴 위험도 높아.

연상되는 낱말 찾기

다음은 세 낱말을 보고 공통으로 연상되는 낱말을 찾는 문제입니다. 세 낱말과 관련 있는 낱말을 써 보세요.

타악기	풍물놀이	작다	⟶	
낟알	곡식	줍다	⟶	
비단	산천	우리나라	⟶	

짧은 글짓기

주어진 낱말을 이용하여 **보기**와 같은 형식으로 짧은 글을 지어 보세요.

> **보기**   누가 + 언제 + 무엇을 + 어떻게 했다

논	
풍년	
가을걷이	

낱말 쌈 싸 먹기

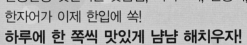 알쏭달쏭 헷갈리는 맞춤법, 띄어쓰기, 관용어,
한자어가 이제 한입에 쏙!
하루에 한 쪽씩 맛있게 냠냠 해치우자!

맞춤법 다음 문장에서 맞춤법이 <u>틀린</u> 낱말을 찾아 바르게 고쳐 써 보세요.

나는 숨박꼭질과 줄넘기를 즐겨 했다.　　　　(　　　　　) → (　　　　　)

띄어쓰기 주어진 두 문장 중 하나에는 띄어쓰기가 틀린 부분이 있습니다. 둘 중 바르게 띄어쓰기를 한 문장을 찾아서 ○표 하세요.

㉮ 오늘부터는 **홑이불**을 덮어야겠어.　　　　㉯ 오늘부터는 **홑 이불**을 덮어야겠어.

도움말 '안을 두지 않은, 홑겹으로 된 이불'을 뜻하는 한 낱말입니다.

관용어 □ 안에 낱말을 넣어서 그림 속 상황과 어울리는 속담이나 격언 등을 만들어 보세요.

> 엄마, 집에 가요,
> 이제 좀 일어나세요!

□□□가 무겁다

한자어 글의 의미에 맞게 □ 안에 들어갈 알맞은 사자성어를 **보기** 에서 찾아 써 보세요.

그는 □□□□(은)는 사나이가 할 짓이 아니라며, 약속한 것은 꼭 지키겠다고 했다.

보기　· 일구이언(一口二言)　　· 일석이조(一石二鳥)　　· 일언지하(一言之下)

19

가로·세로 낱말 만들기

 주어진 글자를 연결하여 **18** 회에 공부한 낱말을 만들어 보세요.

			가	수			
			강	타			

가	금	산	을	타
강	걷	작	수	이

★ 도전 시간 | **1분**

★ 만들 낱말 수 | **3개**

★ 만든 낱말 수 | **개**

낱말은 쏙쏙! 생각은 쑥쑥!

그림으로 낱말 찾기

지시선이 가리키는 그림을 보고 사물의 이름이나 행동, 상태 등에 해당하는 낱말을 **보기**에서 찾아 ☐ 안에 쓰세요.

❶ 움직씨

❷ 움직씨

❸ 이름씨

❹ 이름씨

❺ 이름씨

보기 ・경주　・닦다　・담그다　・딱지　・염색　・젖니　・지루하다　・충치

낱말 뜻 알기

☐ 안에는 어떤 낱말의 첫 글자가 쓰여 있습니다. 이 첫 글자를 참고하여 ☐에 알맞은 말을 넣어 낱말 풀이를 완성해 보세요.

❶ **젖니** : [유]☐기에 [사]☐한 뒤 갈게 되어 있는 이.

❷ **염색** : 염료(옷감 따위에 빛깔을 들이는 물질)를 사용하여 실이나 천 따위에 [물]☐ 들임.

❸ **지루하다** : [시]☐이 오래 걸리거나 같은 상태가 오래 계속되어 [따]☐하고 싫증이 나다.

❹ **경주** : [사]☐, 동물, 차량 따위가 일정한 거리를 달려 [빠]☐☐를 겨루는 일. 또는 그런 경기.

❺ **딱지** : 아이들이 가지고 노는 [장]☐☐의 하나. 종이를 [네]☐나게 접어 만들거나, 두꺼운 종이쪽에 그림을 그리거나 글을 쓴 것으로, 종류와 노는 법이 여러 가지가 있음.

낱말 친구 사총사

다음 밑줄 친 낱말의 뜻이 다른 셋과 같지 <u>않은</u> 것은 어느 것인지 번호를 고르세요.

❶
길을 새로 **닦느라고** 동네가 어수선해.

❷
언니가 손수건을 꺼내 눈물을 **닦아** 주었어.

❸
동생이 쏟은 우유를 내가 깨끗이 **닦았어.**

❹
땀을 **닦을** 시간이 없을 정도로 바빴어.

연상되는 낱말 찾기

다음은 세 낱말을 보고 공통으로 연상되는 낱말을 찾는 문제입니다. 세 낱말과 관련 있는 낱말을 써 보세요.

이	벌레	썩다	→	
접다	치다	따다	→	
자동차	토끼와 거북	달리기	→	

짧은 글짓기

주어진 낱말을 이용하여 보기 와 같은 형식으로 짧은 글을 지어 보세요.

보기　누가 + 무엇을 + 어떻게 했다

염색	
담그다	
지루하다	

낱말 쌈 싸 먹기

알쏭달쏭 헛갈리는 맞춤법, 띄어쓰기, 관용어,
한자어가 이제 한입에 쏙!
하루에 한 쪽씩 맛있게 냠냠 해치우자!

맞춤법 다음 문장에서 ( ) 안의 낱말 중 맞춤법이 맞는 낱말에 ○표 하세요.

> 내 동생은 모든 일에 (실증, 싫증)을 잘 낸다.

띄어쓰기 주어진 두 문장 중 하나에는 띄어쓰기가 틀린 부분이 있습니다. 둘 중 바르게 띄어쓰기를 한 문장을 찾아서 ○표 하세요.

㉮ 개구리가 **튀어 나와서** 깜짝 놀랐습니다.

㉯ 개구리가 **튀어나와서** 깜짝 놀랐습니다.

도움말 '갑자기 불쑥 나타나다.' 라는 뜻을 가진 한 낱말입니다.

관용어 ☐ 안에 낱말을 넣어서 그림 속 상황과 어울리는 속담이나 격언 등을 만들어 보세요.

ㅇㅇㅇ, 이제 내가
영점 받은 걸
아무도 모르겠지?

소각장

☐도 ☐도 모르게

한자어 글의 의미에 맞게 ☐ 안에 들어갈 알맞은 한자어를 **보기** 에서 찾아 써 보세요.

산 아래로 이사 오니 가까이에서 ☐☐(을)를 느낄 수도 있고, ☐☐도 맑아서 정말 좋았다.

보기 ・自習   ・自然   ・空氣   ・氣力

20

가로·세로 낱말 만들기

 주어진 글자를 연결하여 **19** 회에 공부한 낱말을 만들어 보세요.

			염		지		
			치		주		

치	경	술	주	염
색	딱	충	입	지

★ 도전 시간	**1분**
★ 만들 낱말 수	**4개**
★ 만든 낱말 수	**개**

낱말은 쏙쏙! 생각은 쑥쑥!

그림으로 낱말 찾기

지시선이 가리키는 그림을 보고 사물의 이름이나 행동, 상태 등에 해당하는 낱말을 **보기**에서 찾아 □ 안에 쓰세요.

❶ 움직씨

❷ 이름씨

❸ 이름씨

❹ 이름씨

❺ 이름씨

| **보기** | •반 | •도형 | •만국기 | •맞다 | •전체 | •조각 | •채우다 | •포개다 |

낱말 뜻 알기

□ 안에는 어떤 낱말의 첫 글자가 쓰여 있습니다. 이 첫 글자를 참고하여 □에 알맞은 말을 넣어 낱말 풀이를 완성해 보세요.

❶ **포개다** : 놓□ 것 위에 또 놓다.

❷ **맞다** : 문□ 에 대한 답이 틀리지 않다.

❸ **조각** : 한 물건에서 따로 떼□ 내거나 떨어져 나온 작은 부□ .

❹ **채우다** : 일정한 공간에 사람, 사물, 냄새 따위가 더 들□□ 수 없이 가□ 하게 하다.

❺ **전체** : 개개 또는 부□ 의 집합으로 구성된 것을 몰아서 하□ 의 대상으로 삼는 경우에 바로 그 대상.

낱말 친구 사총사

다음 밑줄 친 낱말 중 다른 셋을 포함하는 <u>큰 말</u>에 해당하는 낱말을 고르세요.

❶
사각형의 둘레의 길이를 구하는 방법을 배웠어.

❷
생각보다 **육각형**을 그리기가 어려웠어.

❸
여러 가지 **도형**으로 트럭 모양을 만들었어.

❹
운동장에 커다란 **원**을 그리고 놀이를 했어.

연상되는 낱말 찾기

다음은 세 낱말을 보고 공통으로 연상되는 낱말을 찾는 문제입니다. 세 낱말과 관련 있는 낱말을 써 보세요.

케이크	일부분	작다	⟶	
이분의 일	똑같이	나누다	⟶	
세계	행사장	펄럭이다	⟶	

짧은 글짓기

주어진 낱말을 이용하여 **보기** 와 같은 형식으로 짧은 글을 지어 보세요.

보기　　누가 + 왜 + 무엇을 + 어떻게 했다

전체	
맞다	
포개다	

낱말 쌈 싸 먹기

알쏭달쏭 헛갈리는 맞춤법, 띄어쓰기, 관용어, 한자어가 이제 한입에 쏙!
하루에 한 쪽씩 맛있게 냠냠 해치우자!

맞춤법 다음 문장에서 맞춤법이 <u>틀린</u> 낱말을 찾아 바르게 고쳐 써 보세요.

앞이가 빠진 아이의 모습이 귀여워 보였다.　　(　　　　　) → (　　　　　)

띄어쓰기 주어진 두 문장 중 하나에는 띄어쓰기가 틀린 부분이 있습니다. 둘 중 바르게 띄어쓰기를 한 문장을 찾아서 ◯표 하세요.

㉮ 들락 날락 그만하고 좀 앉아 있어라.　　　　**㉯ 들락날락** 그만하고 좀 앉아 있어라.

도움말 모양을 흉내내는 낱말입니다.

관용어 □ 안에 낱말을 넣어서 그림 속 상황과 어울리는 속담이나 격언 등을 만들어 보세요.

오늘 심은 나무들이 자라서 울창한 숲을 이룰 거야.

천 리 길도
□□□부터

한자어 글의 의미에 맞게 □ 안에 들어갈 알맞은 사자성어를 **보기** 에서 찾아 써 보세요.

엄마는 □□□□(와)과 같이 막힘이 없는 아빠의 말솜씨에 반해서 결혼을 하셨다고 한다.

보기 ・산천초목(山川草木) 　・금수강산(錦繡江山) 　・청산유수(靑山流水)

가로·세로 낱말 만들기

21

 주어진 글자를 연결하여 **20** 회에 공부한 낱말을 만들어 보세요.

				각			
				도			
			기	체			

도	체	각	형	기
조	만	결	국	전

★ 도전 시간 | **1분**

★ 만들 낱말 수 | **4개**

★ 만든 낱말 수 | **개**

낱말은 쏙쏙! 생각은 쑥쑥!

그림으로 낱말 찾기

지시선이 가리키는 그림을 보고 사물의 이름이나 행동, 상태 등에 해당하는 낱말을 **보기** 에서 찾아 ☐ 안에 쓰세요.

① 이름씨

② 움직씨

③ 움직씨

④ 이름씨

⑤ 움직씨

보기 •골목   •기대다   •끼이다   •누름단추   •매다   •보행자   •승강기   •육교

낱말 뜻 알기

☐ 안에는 어떤 낱말의 첫 글자가 쓰여 있습니다. 이 첫 글자를 참고하여 ☐에 알맞은 말을 넣어 낱말 풀이를 완성해 보세요.

① **보행자** : 걸☐☐ 길거리를 왕래하는 사☐.

② **기대다** : 몸이나 물건을 무엇에 의☐ 하면서 비☐ 듬☐ 대다.

③ **육교** : 번잡한 도☐ 나 철로 위를 사람들이 안☐ 하게 횡단할 수 있도록 공중으로 건너질러 놓은 다☐.

④ **누름단추** : 눌러서 신호나 전종(전류를 이용하여 종을 때려 소리 나게 하는 장치) 따위를 울리거나 기☐ 를 작동하게 하는 둥☐ 모양의 장치.

 **낱말 친구 사총사**

다음 밑줄 친 낱말의 뜻이 다른 셋과 같지 <u>않은</u> 것은 어느 것인지 번호를 고르세요.

❶  신발 끈이 풀어지지 않게 단단히 **매라**.

❷  할아버지께서 나무에 그네를 **매** 주셨어.

❸  한복을 입으면 옷고름을 <u>**매기가**</u> 어려워.

❹  이 끈을 리본 모양으로 좀 **매** 줄래?

 **연상되는 낱말 찾기**

다음은 세 낱말을 보고 공통으로 연상되는 낱말을 찾는 문제입니다. 세 낱말과 관련 있는 낱말을 써 보세요.

길	대장	좁다	⟶	
계단	다리	건너다	⟶	
아파트	자동	타다	⟶	

 **짧은 글짓기**

주어진 낱말을 이용하여 보기 와 같은 형식으로 짧은 글을 지어 보세요.

보기 누가 + 어디서 + 무엇을 + 어떻게 했다

보행자	
기대다	
끼이다	

낱말 쌈 싸 먹기

알쏭달쏭 헛갈리는 맞춤법, 띄어쓰기, 관용어, 한자어가 이제 한입에 쏙!
하루에 한 쪽씩 맛있게 냠냠 해치우자!

맞춤법 다음 문장에서 (   ) 안의 낱말 중 맞춤법이 맞는 낱말에 ○표 하세요.

> 개가 (짖는, 짓는) 소리에 깜짝 놀라 걸음을 멈추었습니다.

띄어쓰기 주어진 두 문장 중 하나에는 띄어쓰기가 틀린 부분이 있습니다. 둘 중 바르게 띄어쓰기를 한 문장을 찾아서 ○표 하세요.

㉮ 동생이 사탕을 **한주먹** 쥐고 도망갔어.　　　　㉯ 동생이 사탕을 **한 주먹** 쥐고 도망갔어.

도움말 '주먹'은 수량을 세는 단위입니다.

관용어 □ 안에 낱말을 넣어서 그림 속 상황과 어울리는 속담이나 격언 등을 만들어 보세요.

갈수록 □□

한자어 글의 의미에 맞게 □ 안에 들어갈 알맞은 한자어를 **보기**에서 찾아 써 보세요.

삼촌께서는 □□에 나가 있으니까 □□(이)가 정말 그리웠다고 말씀하셨다.

보기　· 海外　　· 海洋　　· 中國　　· 故國

가로·세로 낱말 만들기

22

 주어진 글자를 연결하여 **21** 회에 공부한 낱말을 만들어 보세요.

		기					
		름	단				
			골				

단	기	목	교	름
승	누	강	추	골

★ 도전 시간 | **1분**

★ 만들 낱말 수 | **3개**

★ 만든 낱말 수 | **개**

낱말 영역	
걸린 시간	분 초

그림으로 낱말 찾기

지시선이 가리키는 그림을 보고 사물의 이름이나 행동, 상태 등에 해당하는 낱말을 보기 에서 찾아 □ 안에 쓰세요.

❶ 이름씨

❷ 이름씨

❸ 이름씨

❹ 이름씨

❺ 움직씨

보기   • 가락   • 갈대   • 구별하다   • 낙엽   • 단풍잎   • 도구   • 소풍   • 손짓하다

낱말 뜻 알기

□ 안에는 어떤 낱말의 첫 글자가 쓰여 있습니다. 이 첫 글자를 참고하여 □에 알맞은 말을 넣어 낱말 풀이를 완성해 보세요.

❶ **구별하다** : 성질이나 종 □ 에 따라 갈라놓다.

❷ **소풍** : 휴 □ 을 취하기 위해서 야 □ 에 나갔다 오는 일.

❸ **낙엽** : 말라서 떨어진 나 □ □ .

❹ **가락** : 소리의 높 □ □ 가 길이나 리 □ 과 어울려 나타나는 음의 흐름.

❺ **손짓하다** : 손을 놀려 어떤 사 □ 을 가리키거나 자기의 생 □ 을 남에게 전달하다.

낱말 친구 사총사 다음 밑줄 친 낱말의 뜻이 다른 셋과 같지 <u>않은</u> 것은 어느 것인지 번호를 고르세요.

❶  선생님께서 청소 **도구**를 하나씩 가져오라고 하셨어.

❷  사람처럼 **도구**를 사용할 줄 아는 동물도 있어.

❸  언어는 사람의 생각과 감정을 표현하는 **도구**야.

❹  간단한 **도구**를 사용해서 이 문제를 해결해 봐.

연상되는 낱말 찾기 다음은 세 낱말을 보고 공통으로 연상되는 낱말을 찾는 문제입니다. 세 낱말과 관련 있는 낱말을 써 보세요.

도시락 ▶	나들이 ▶	즐겁다 ▶	⟶	
잎 ▶	떨어지다 ▶	쌓이다 ▶	⟶	
가을 ▶	손바닥 ▶	붉다 ▶	⟶	

짧은 글짓기 주어진 낱말을 이용하여 [보기]와 같은 형식으로 짧은 글을 지어 보세요.

[보기]   누가 + 무엇으로 + 무엇을 + 어떻게 했다

가락 ▶	
갈대 ▶	
구별하다 ▶	

낱말 쌈 싸 먹기

알쏭달쏭 헛갈리는 맞춤법, 띄어쓰기, 관용어, 한자어가 이제 한입에 쏙!
하루에 한 쪽씩 맛있게 냠냠 해치우자!

맞춤법 다음 문장에서 맞춤법이 **틀린** 낱말을 찾아 바르게 고쳐 써 보세요.

우리 할머니는 지팽이를 짚고 다니신다.　　　(　　　　　) → (　　　　　)

띄어쓰기 주어진 두 문장 중 하나에는 띄어쓰기가 틀린 부분이 있습니다. 둘 중 바르게 띄어쓰기를 한 문장을 찾아서 ○표 하세요.

㉮ 순식간에 교실이 **웃음 바다**가 되었습니다.　　　㉯ 순식간에 교실이 **웃음바다**가 되었습니다.

도움말 '많은 사람들이 웃어 대는 웃음판을 비유적으로 이르는 말'을 뜻하는 한 낱말입니다.

관용어 □ 안에 낱말을 넣어서 그림 속 상황과 어울리는 속담이나 관용구를 만들어 보세요.

> 아휴, 성적이 이게 뭐니?
> 지난번보다 많이 떨어졌잖아.

□□□을 찾다

한자어 글의 의미에 맞게 □ 안에 들어갈 알맞은 사자성어를 보기 에서 찾아 써 보세요.

장군은 온 힘을 다해 싸웠지만, 사방에 적이 둘러싸고 있어 그야말로 □□□□(이었)였다.

보기　· 견물생심(見物生心)　· 사면초가(四面楚歌)　· 동고동락(同苦同樂)

가로·세로 낱말 만들기

23

 주어진 글자를 연결하여 **22** 회에 공부한 낱말을 만들어 보세요.

				가			
			단	도			

풍	갈	소	락	단
가	도	잎	차	구

★ 도전 시간	**1분**
★ 만들 낱말 수	**4개**
★ 만든 낱말 수	**개**

낱말은 쏙쏙! 생각은 쑥쑥!

그림으로 낱말 찾기

지시선이 가리키는 그림을 보고 사물의 이름이나 행동, 상태 등에 해당하는 낱말을 **보기** 에서 찾아 ☐ 안에 쓰세요.

❶ 이름씨

❷ 이름씨

❸ 이름씨

❹ 이름씨

❺ 이름씨

보기 • 가구   • 간판   • 선물   • 손님   • 싱싱하다   • 영수증   • 주인   • 진열하다

낱말 뜻 알기

☐ 안에는 어떤 낱말의 첫 글자가 쓰여 있습니다. 이 첫 글자를 참고하여 ☐에 알맞은 말을 넣어 낱말 풀이를 완성해 보세요.

❶ **싱싱하다** : 시들거나 [상] ☐ ☐ 않고 생기가 있다.

❷ **영수증** : 돈이나 물품 따위를 받은 사실을 [표] ☐ 하는 증서.

❸ **진열하다** : 여러 사람에게 보이기 위하여 [물] ☐ 을 죽 [별] ☐ 놓다.

❹ **선물** : [축] ☐ 하거나 좋아하는 뜻으로 남한테 물건을 주는 것. 또는 그 물건.

❺ **간판** : 기관, [상] ☐ , 영업소 따위에서 [이] ☐ 이나 판매 상품, 업종 따위를 써서 사람들의 눈에 잘 띄게 걸거나 붙이는 표지.

낱말 친구 사총사

다음 밑줄 친 낱말 중 다른 셋을 포함하는 큰 말에 해당하는 낱말을 고르세요.

❶ 이번에 이사를 가면서 **가구**를 새로 싹 바꿨어.

❷ 이모네 집에는 향나무로 만든 **장롱**이 있어.

❸ 동생이 거실 **탁자**에 이마를 부딪쳤어.

❹ 할아버지께서 입학 선물로 **책장**을 사 주셨어.

연상되는 낱말 찾기

다음은 세 낱말을 보고 공통으로 연상되는 낱말을 찾는 문제입니다. 세 낱말과 관련 있는 낱말을 써 보세요.

생일	크리스마스	꾸러미	⟶	
왕	고객	사다	⟶	
종이	계산	돈	⟶	

짧은 글짓기

주어진 낱말을 이용하여 **보기** 와 같은 형식으로 짧은 글을 지어 보세요.

보기 누가 + 무엇을 + 어떻게 했다

주인	
진열하다	
싱싱하다	

낱말 쌈 싸 먹기

알쏭달쏭 헷갈리는 맞춤법, 띄어쓰기, 관용어, 한자어가 이제 한입에 쏙!
하루에 한 쪽씩 맛있게 냠냠 해치우자!

맞춤법 다음 문장에서 ( ) 안의 낱말 중 맞춤법이 맞는 낱말에 ○표 하세요.

너는 동생하고 싸우는 것이 (챙피, 창피)하지도 않니?

띄어쓰기 주어진 두 문장 중 하나에는 띄어쓰기가 틀린 부분이 있습니다. 둘 중 바르게 띄어쓰기를 한 문장을 찾아서 ○표 하세요.

㉮ **전 학기**에 배운 내용을 복습했습니다.   ㉯ **전학기**에 배운 내용을 복습했습니다.

도움말 뒷말을 꾸며 주는 낱말은 띄어 씁니다.

관용어 □ 안에 낱말을 넣어서 그림 속 상황과 어울리는 속담이나 관용구를 만들어 보세요.

□□□에
불이 나다

한자어 글의 의미에 맞게 □ 안에 들어갈 알맞은 한자어를 보기 에서 찾아 써 보세요.

아버지께서는 오늘 조간 □□에 난 □□(을)를 보고, 깜짝 놀라셨다.

보기   · 新聞   · 新式   · 日記   · 記事

가로·세로 낱말 만들기

24

🍿 주어진 글자를 연결하여 23 회에 공부한 낱말을 만들어 보세요.

			간				
			선				
			증				
			진				

수	물	증	진	간
열	손	판	영	선

★ 도전 시간 | **1분**

★ 만들 낱말 수 | **4개**

★ 만든 낱말 수 | 개

낱말은 쏙쏙! 생각은 쑥쑥!

그림으로 낱말 찾기

지시선이 가리키는 그림을 보고 사물의 이름이나 행동, 상태 등에 해당하는 낱말을 보기 에서 찾아 □ 안에 쓰세요.

❶ 움직씨

❷ 이름씨

❸ 움직씨

❹ 움직씨

❺ 움직씨

보기 • 구겨지다 • 골무 • 나르다 • 베다 • 서툴다 • 외국인 • 좁다 • 회의 • 축이다

낱말 뜻 알기

□ 안에는 어떤 낱말의 첫 글자가 쓰여 있습니다. 이 첫 글자를 참고하여 □에 알맞은 말을 넣어 낱말 풀이를 완성해 보세요.

❶ **서툴다** : 일 따위에 [익][ ] 하지 못하다.

❷ **회의** : [여][ ][ ] 모여 의논함. 또는 그런 [모][ ].

❸ **나르다** : [물][ ]을 한 곳에서 다른 곳으로 [옮][ ][ ].

❹ **베다** : 날이 있는 [연][ ] 따위로 무엇을 끊거나 [자][ ]거나 가르다.

❺ **골무** : [바][ ][ ]할 때 바늘귀를 밀기 위하여 [손][ ][ ]에 끼는 도구.

❻ **축이다** : 물 따위에 적시어 [축][ ]하게 하다.

낱말 친구 사총사

다음 밑줄 친 낱말의 뜻이 다른 셋과 같지 <u>않은</u> 것은 어느 것인지 번호를 고르세요.

❶ 요즈음에는 운동장이 **좁은** 학교가 많아.

❷ 이런 곳에서 만나다니 세상 참 **좁군**.

❸ 방이 너무 **좁아서** 옷장을 들여놓을 수가 없어.

❹ 속이 **좁은** 사람하고는 상대하고 싶지가 않아.

연상되는 낱말 찾기

다음은 세 낱말을 보고 공통으로 연상되는 낱말을 찾는 문제입니다. 세 낱말과 관련 있는 낱말을 써 보세요.

바느질	손가락	할머니	⟶	
학급	가족	의논	⟶	
금발	사람	서양	⟶	

짧은 글짓기

주어진 낱말을 이용하여 **보기** 와 같은 형식으로 짧은 글을 지어 보세요.

보기   누가 + 왜 + 무엇을 + 어떻게 했다

나르다	
서툴다	
구겨지다	

낱말 쌈 싸 먹기

알쏭달쏭 헛갈리는 맞춤법, 띄어쓰기, 관용어, 한자어가 이제 한입에 쏙!
하루에 한 쪽씩 맛있게 냠냠 해치우자!

맞춤법 다음 문장에서 맞춤법이 **틀린** 낱말을 찾아 바르게 고쳐 써 보세요.

공책에 책바침을 받치고 글씨를 썼다. (   ) → (   )

띄어쓰기 주어진 두 문장 중 하나에는 띄어쓰기가 틀린 부분이 있습니다. 둘 중 바르게 띄어쓰기를 한 문장을 찾아서 ○표 하세요.

㉮ 우리는 **돌아 가면서** 간식을 준비했습니다.   ㉯ 우리는 **돌아가면서** 간식을 준비했습니다.

도움말 '어떤 것이 차례로 전달되다.' 라는 뜻을 가진 한 낱말입니다.

관용어 ☐ 안에 낱말을 넣어서 그림 속 상황과 어울리는 속담이나 관용구를 만들어 보세요.

> 살이 쪄서 입을 수도 없고, 그렇다고 누구를 주자니 아깝고……,

☐ 먹자니 싫고
☐ 주자니 아깝다

한자어 글의 의미에 맞게 ☐ 안에 들어갈 알맞은 사자성어를 보기 에서 찾아 써 보세요.

옆 동네 아이들은 우리들을 보고 ☐☐☐☐(이)라며 큰 소리로 비웃었다.

보기 • 천군만마(千軍萬馬)   • 오합지졸(烏合之卒)   • 우후죽순(雨後竹筍)

가로·세로 낱말 만들기

25

주어진 글자를 연결하여 **24** 회에 공부한 낱말을 만들어 보세요.

		외		
	서		의	무

무	툴	인	다	의
회	외	서	골	국

★ 도전 시간 | **1분**

★ 만들 낱말 수 | **4개**

★ 만든 낱말 수 | **개**

낱말은 쏙쏙! 생각은 쑥쑥!

그림으로 낱말 찾기

지시선이 가리키는 그림을 보고 사물의 이름이나 행동, 상태 등에 해당하는 낱말을 보기 에서 찾아 ☐ 안에 쓰세요.

❶ 이름씨

❷ 이름씨

❸ 이름씨

❹ 이름씨

❺ 이름씨

보기 · 고리　· 거꾸로　· 그래프　· 꽃다발　· 수족관　· 심판　· 전구　· 표

낱말 뜻 알기

☐ 안에는 어떤 낱말의 첫 글자가 쓰여 있습니다. 이 첫 글자를 참고하여 ☐에 알맞은 말을 넣어 낱말 풀이를 완성해 보세요.

❶ **수족관** : 물☐ 에 사는 생물을 모☐ 놓고 기르는 설비.

❷ **거꾸로** : 차례나 방☐ , 또는 형편 따위가 반☐ 로 되게.

❸ **심판** : 운☐ 경기에서 규칙에 대한 것이나 승부를 판☐ 함. 또는 그런 일을 하는 사람.

❹ **고리** : 긴 쇠붙이나 줄, 끈 따위를 구부리고 양 끝을 맞붙여 둥☐ 거나 모나게 만든 물건.

❺ **그래프** : 여러 가지 자☐ 를 분석하여 그 변화를 한눈에 알아볼 수 있도록 나타내는 직☐ 이나 곡선.

 **낱말 친구 사총사**

다음 (보기)의 글에서 밑줄 친 말이 뜻하는 것을 올바르게 말하고 있는 친구는 누구인지 고르세요.

(보기) 원숭이가 나무를 타다가 실수를 해서 **거꾸로 박혔어**.

 ❶ 머리를 아래로 하고 떨어졌다는 뜻이야.

 ❷ 딱딱한 곳에 머리를 부딪쳤다는 뜻이야.

 ❸ 다른 사람들 앞에서 웃음거리가 되었다는 뜻이야.

 ❹ 머릿속이나 마음속에 깊이 새겨졌다는 뜻이야.

 **연상되는 낱말 찾기**

다음은 세 낱말을 보고 공통으로 연상되는 낱말을 찾는 문제입니다. 세 낱말과 관련 있는 낱말을 써 보세요.

불빛	유리	전류	→	
경기	공정	판단하다	→	
축하	꽃	묶음	→	

 **짧은 글짓기**

주어진 낱말을 이용하여 (보기)와 같은 형식으로 짧은 글을 지어 보세요.

(보기) 누가 + 무엇을 + 어떻게 했다

표	
고리	
수족관	

낱말 쌈 싸 먹기

알쏭달쏭 헷갈리는 맞춤법, 띄어쓰기, 관용어,
한자어가 이제 한입에 쏙!
하루에 한 쪽씩 맛있게 냠냠 해치우자!

맞춤법 다음 문장에서 (   ) 안의 낱말 중 맞춤법이 맞는 낱말에 ○표 하세요.

> 백화점에서 빨간 구두를 한 (컬레, 켤레) 샀습니다.

띄어쓰기 주어진 두 문장 중 하나에는 띄어쓰기가 틀린 부분이 있습니다. 둘 중 바르게 띄어쓰기를 한 문장을 찾아서 ○표 하세요.

㉮ 밖에서 **왁자 지껄** 떠드는 소리가 났습니다.   ㉯ 밖에서 **왁자지껄** 떠드는 소리가 났습니다.

도움말 모양이나 소리를 흉내내는 낱말입니다.

관용어 □ 안에 낱말을 넣어서 그림 속 상황과 어울리는 속담이나 관용구를 만들어 보세요.

선생님과
결혼하고 싶어.

정신 차려!
우린 안돼.

오르지 못할 □□는
쳐다보지도 마라

한자어 글의 의미에 맞게 □ 안에 들어갈 알맞은 한자어를 **보기** 에서 찾아 써 보세요.

이야기 속에 나오는 스크루지는 □□(이)가 많은 □□(이었)였다.

> **보기** · 慾心   · 熱心   · 老少   · 老人

가로·세로 낱말 만들기

26

 주어진 글자를 연결하여 25 회에 공부한 낱말을 만들어 보세요.

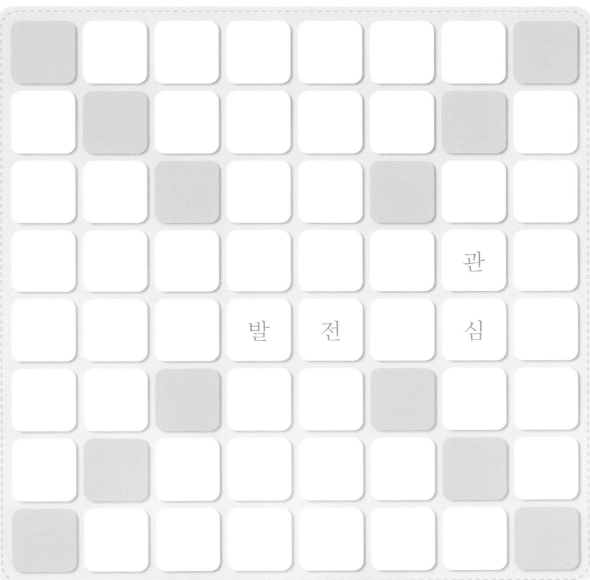

| 다 | 관 | 발 | 구 | 족 |
| 수 | 전 | 심 | 꽃 | 판 |

★ 도전 시간 | **1분**

★ 만들 낱말 수 | **4개**

★ 만든 낱말 수 | 개

낱말은 쏙쏙! 생각은 쑥쑥!

낱말 영역 |
걸린 시간 | 분 초

그림으로 낱말 찾기

지시선이 가리키는 그림을 보고 사물의 이름이나 행동, 상태 등에 해당하는 낱말을 보기 에서 찾아 □ 안에 쓰세요.

❶ 이름씨

❷ 이름씨

❸ 이름씨

❹ 이름씨

❺ 이름씨

보기 · 까먹다 · 멍석 · 소품 · 송곳 · 의상 · 절구 · 지게 · 팥죽

낱말 뜻 알기

□ 안에는 어떤 낱말의 첫 글자가 쓰여 있습니다. 이 첫 글자를 참고하여 □에 알맞은 말을 넣어 낱말 풀이를 완성해 보세요.

❶ **의상** : 배□ 나 무용하는 사람들이 연□ 할 때 입는 옷.

❷ **까먹다** : 껍□ 이나 껍데기 따위에 싸□ 있는 것을 내어 먹다.

❸ **지게** : 짐을 얹어 사람이 등에 지는 우□□□ 고유의 운□ 기구.

❹ **소품** : 연□ 이나 영화 따위에서, 무□ 장치나 분장에 쓰는 작은 도구류를 통틀어 이르는 말.

❺ **멍석** : 짚으로 엮어서 네모지게 만든 큰 깔개. 곡□ 을 넣어서 말리거나 마□ 에 펴서 깔고 앉는 데 씀.

낱말 친구 사총사

다음 보기 의 글에서 밑줄 친 말이 뜻하는 것을 올바르게 말하고 있는 친구는 누구인지 고르세요.

보기 평소에는 그렇게 춤을 잘 추더니 **멍석을 깔아** 주니까 못 하네.

❶ 좋은 돗자리를 깔아 주었다는 뜻이야.

❷ 구경하는 사람이 많이 모였다는 뜻이야.

❸ 하고 싶은 대로 할 기회를 주거나 마련했다는 뜻이야.

❹ 하기 싫은 일을 억지로 하게 했다는 뜻이야.

연상되는 낱말 찾기

다음은 세 낱말을 보고 공통으로 연상되는 낱말을 찾는 문제입니다. 세 낱말과 관련 있는 낱말을 써 보세요.

동지	새알심	쑤다	⟶	

곡식	절굿공이	찧다	⟶	

쇠	구멍	뽀족하다	⟶	

짧은 글짓기

주어진 낱말을 이용하여 보기 와 같은 형식으로 짧은 글을 지어 보세요.

보기 누가 + 언제 + 무엇을 + 어떻게 했다

소품	
의상	
까먹다	

낱말 쌈 싸 먹기

알쏭달쏭 헛갈리는 맞춤법, 띄어쓰기, 관용어,
한자어가 이제 한입에 쏙!
하루에 한 쪽씩 맛있게 냠냠 해치우자!

맞춤법 다음 문장에서 맞춤법이 **틀린** 낱말을 찾아 바르게 고쳐 써 보세요.

엄마는 아기가 트름을 하도록 등을 토닥거렸다.　　　(　　　　) → (　　　　)

띄어쓰기 주어진 두 문장 중 하나에는 띄어쓰기가 틀린 부분이 있습니다. 둘 중 바르게 띄어쓰기를 한 문장을 찾아서 ○표 하세요.

㉮ 짝꿍이 커다란 밤 **한 톨**을 주었습니다.　　　　㉯ 짝꿍이 커다란 밤 **한톨**을 주었습니다.

도움말 '톨'은 수량을 세는 단위입니다.

관용어 □ 안에 낱말을 넣어서 그림 속 상황과 어울리는 속담이나 관용구를 만들어 보세요.

> 이번에도 시험 못 보면 피자, 햄버거 먹을 생각은 하지 않는 게 좋아.

□□도 없다

한자어 글의 의미에 맞게 □ 안에 들어갈 알맞은 사자성어를 **보기**에서 찾아 써 보세요.

감독님께서는 □□□□ 하면 반드시 우리 팀이 이길 거라고 말씀하셨다.

보기 ・유유상종(類類相從)　　・호의호식(好衣好食)　　・지피지기(知彼知己)

27

가로·세로 낱말 만들기

 주어진 글자를 연결하여 **26** 회에 공부한 낱말을 만들어 보세요.

				석			
				상	소		

게	석	품	의	구
절	상	지	멍	소

★ 도전 시간 | **1분**

★ 만들 낱말 수 | **5개**

★ 만든 낱말 수 | **개**

낱말은 쏙쏙! 생각은 쑥쑥!

그림으로 낱말 찾기

지시선이 가리키는 그림을 보고 사물의 이름이나 행동, 상태 등에 해당하는 낱말을 보기 에서 찾아 □ 안에 쓰세요.

❶ 이름씨

❷ 이름씨

❸ 움직씨

❹ 이름씨

❺ 움직씨

보기　• 날갯죽지　• 모금　• 보살피다　• 사례　• 앓다　• 잃어버리다　• 폭력　• 헌혈

낱말 뜻 알기

□ 안에는 어떤 낱말의 첫 글자가 쓰여 있습니다. 이 첫 글자를 참고하여 □에 알맞은 말을 넣어 낱말 풀이를 완성해 보세요.

❶ **앓다** : 병에 걸려 고 을 겪다.

❷ **날갯죽지** : 날 가 몸에 붙어 있는 부분.

❸ **사례** : 어떤 일이 전에 실   일어난 일.

❹ **헌혈** : 수혈(건강한 사람의 피를 환자의 혈관에 넣는 것)이 필요한 환 를 위하여 피를 뽑아 줌.

❺ **폭력** : 남을 거칠고 사납게 제압할 때에 쓰는, 주 이나 발, 몽   따위의 수단이나 힘.

낱말 친구 사총사

다음 밑줄 친 낱말의 뜻이 다른 셋과 같지 <u>않은</u> 것은 어느 것인지 번호를 고르세요.

① 옆집 아주머니는 동네 아이들을 자기 아이처럼 **보살펴** 주셔.

② 할머니는 집안일을 **보살피느라** 외출을 거의 못 하셔.

③ 간호사 언니가 정성을 다해 환자를 **보살피는** 모습이 감동적이었어.

④ 나중에는 우리가 부모님을 잘 **보살펴** 드려야 해.

연상되는 낱말 찾기

다음은 세 낱말을 보고 공통으로 연상되는 낱말을 찾는 문제입니다. 세 낱말과 관련 있는 낱말을 써 보세요.

주먹	힘	때리다	⟶	
돕다	피	뽑다	⟶	
운동	돈	<u>모으다</u>	⟶	

짧은 글짓기

주어진 낱말을 이용하여 **보기** 와 같은 형식으로 짧은 글을 지어 보세요.

보기 누가 + 어디서 + 무엇을 + 어떻게 했다

사례	
앓다	
잃어버리다	

낱말 쌈 싸 먹기

알쏭달쏭 헛갈리는 맞춤법, 띄어쓰기, 관용어, 한자어가 이제 한입에 쏙! **하루에 한 쪽씩 맛있게 냠냠 해치우자!**

맞춤법　다음 문장에서 (　) 안의 낱말 중 맞춤법이 맞는 낱말에 ○표 하세요.

> 진수는 (팔굽치, 팔꿈치)로 짝꿍의 옆구리를 꾹 찔렀다.

띄어쓰기　주어진 두 문장 중 하나에는 띄어쓰기가 틀린 부분이 있습니다. 둘 중 바르게 띄어쓰기를 한 문장을 찾아서 ○표 하세요.

㉮ 우리는 **새끼 손가락**을 걸고 약속했습니다.　　㉯ 우리는 **새끼손가락**을 걸고 약속했습니다.

도움말　'손가락 가운데 맨 마지막에 있는 가장 작은 손가락'을 뜻하는 한 낱말입니다.

관용어　□ 안에 낱말을 넣어서 그림 속 상황과 어울리는 속담이나 관용구를 만들어 보세요.

□□ 모아 태산

한자어　글의 의미에 맞게 □ 안에 들어갈 알맞은 한자어를 **보기**에서 찾아 써 보세요.

세계 최초로 □□(을)를 □□한 사람은 벨로 알려져 있다.

보기　• 電話　　• 對話　　• 出發　　• 發明

가로·세로 낱말 만들기

28

🍿 주어진 글자를 연결하여 **27** 회에 공부한 낱말을 만들어 보세요.

					지		
					혈		
		사	모				

혈	지	레	죽	금
갯	사	헌	모	날

★ 도전 시간 | **1분**

★ 만들 낱말 수 | **4개**

★ 만든 낱말 수 | **개**

낱말은 쏙쏙! 생각은 쑥쑥!

그림으로 낱말 찾기

지시선이 가리키는 그림을 보고 사물의 이름이나 행동, 상태 등에 해당하는 낱말을 **보기** 에서 찾아 ☐ 안에 쓰세요.

① 움직씨

② 이름씨

③ 이름씨

④ 움직씨

⑤ 이름씨

보기 ·반성　·보람차다　·불다　·생각하다　·신문　·스케이트　·줄넘기　·탑

낱말 뜻 알기

☐ 안에는 어떤 낱말의 첫 글자가 쓰여 있습니다. 이 첫 글자를 참고하여 ☐에 알맞은 말을 넣어 낱말 풀이를 완성해 보세요.

① **탑** : 여☐ 층으로 또는 높고 뾰족하게 세☐ 건축물을 통틀어 이르는 말.

② **스케이트** : 구두 바☐ 에 쇠 날을 붙이고 얼☐☐ 위를 지치는 운동 기구.

③ **반성** : 자신의 말과 행☐ 에 대하여 잘☐ 이나 부족함이 없는지 돌이켜 봄.

④ **신문** : 여러 가지 사☐ 에 대한 사실이나 해설을 널리 빠☐☐ 전달하기 위한 소식지.

⑤ **보람차다** : 어떤 일을 한 뒤에 결☐ 가 몹시 좋아서 자랑스러움과 자부심을 갖게 할 만큼 만☐ 스럽다.

 **낱말 친구 사총사**

다음 밑줄 친 낱말의 뜻이 다른 셋과 같지 <u>않은</u> 것은 어느 것인지 번호를 고르세요.

❶  동생이 나팔을 **불어서** 자는 사람들을 깨웠어.

❷  갑자기 바람이 **불어서** 모자가 강으로 날아갔어.

❸  목동은 피리를 **불어서** 양들을 모았어.

❹  주말 내내 단소를 **부는** 연습을 했어.

 **연상되는 낱말 찾기**

다음은 세 낱말을 보고 공통으로 연상되는 낱말을 찾는 문제입니다. 세 낱말과 관련 있는 낱말을 써 보세요.

블록	불국사	쌓다	⟶	
운동	돌리다	뛰어넘다	⟶	
겨울	얼음판	타다	⟶	

 **짧은 글짓기**

주어진 낱말을 이용하여 보기 와 같은 형식으로 짧은 글을 지어 보세요.

> **보기**　　누가 + 무엇을 + 어떻게 했다

반성	
생각하다	
보람차다	

낱말 쌈 싸 먹기

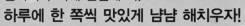 알쏭달쏭 헛갈리는 맞춤법, 띄어쓰기, 관용어, 한자어가 이제 한입에 쏙! **하루에 한 쪽씩 맛있게 냠냠 해치우자!**

맞춤법 다음 문장에서 맞춤법이 <u>틀린</u> 낱말을 찾아 바르게 고쳐 써 보세요.

햇님이 활짝 웃으며 인사를 합니다.　　　　(　　　　) → (　　　　)

띄어쓰기 주어진 두 문장 중 하나에는 띄어쓰기가 틀린 부분이 있습니다. 둘 중 바르게 띄어쓰기를 한 문장을 찾아서 ○표 하세요.

㉮ 엄마는 **순 한국식**으로 상을 차려 주셨어.　　　㉯ 엄마는 **순한국식**으로 상을 차려 주셨어.

도움말 '순'은 뒷말을 꾸며 주는 낱말입니다.

관용어 □ 안에 낱말을 넣어서 그림 속 상황과 어울리는 속담이나 관용구를 만들어 보세요.

□ 건너가다

한자어 글의 의미에 맞게 □ 안에 들어갈 알맞은 사자성어를 보기 에서 찾아 써 보세요.

흥부를 내쫓고 난 뒤, 놀부는 조금도 미안해하지 않고 자기만 □□□□ 하며 잘 살았다.

보기 · 설상가상(雪上加霜) · 호의호식(好衣好食) · 적반하장(賊反荷杖)

가로·세로 낱말 만들기

29

 주어진 글자를 연결하여 **28** 회에 공부한 낱말을 만들어 보세요.

				이			
				기			
				반			

케	줄	성	스	불
님	반	트	기	이

★ 도전 시간 | **1분**

★ 만들 낱말 수 | **3개**

★ 만든 낱말 수 | **개**

낱말은 쏙쏙! 생각은 쑥쑥!

그림으로 낱말 찾기

지시선이 가리키는 그림을 보고 사물의 이름이나 행동, 상태 등에 해당하는 낱말을 보기 에서 찾아 □ 안에 쓰세요.

❶ 이름씨

❷ 이름씨

❸ 움직씨

❹ 움직씨

❺ 움직씨

보기　• 괴다　　• 떠밀다　　• 소화기　　• 시리다　　• 안간힘　　• 쟁반　　• 짚다　　• 코대답

낱말 뜻 알기

□ 안에는 어떤 낱말의 첫 글자가 쓰여 있습니다. 이 첫 글자를 참고하여 □에 알맞은 말을 넣어 낱말 풀이를 완성해 보세요.

❶ **떠밀다** : 힘껏 힘을 주어 앞□□ 나아가게 하다.

❷ **안간힘** : 어떤 일을 이루기 위해서 몹시 애□□ 힘.

❸ **괴다** : 기울어지거나 쓰□지지 않도록 아□를 받쳐 안정시키다.

❹ **시리다** : 몸의 한 부분이 찬 기□으로 인해 추□를 느낄 정도로 차다.

❺ **코대답** : 못□□하게 여기거나 대수롭지 않게 여겨 건□으로 하는 대답.

다음 밑줄 친 낱말의 뜻이 다른 셋과 같지 <u>않은</u> 것은 어느 것인지 번호를 고르세요.

①  선생님께서 **짚어** 주신 문제만 열심히 들여다봤어.

②  우리 삼촌은 다리를 다쳐서 목발을 **짚고** 다녀.

③  지팡이를 **짚고** 가시는 할아버지의 뒷모습이 쓸쓸해 보였어.

④  길에서 넘어졌지만 땅을 **짚고** 금방 일어났어.

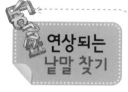
연상되는 낱말 찾기

다음은 세 낱말을 보고 공통으로 연상되는 낱말을 찾는 문제입니다. 세 낱말과 관련 있는 낱말을 써 보세요.

달	과일	담다	→	
불	빨간색	끄다	→	
손발	이	추위	→	

짧은 글짓기

주어진 낱말을 이용하여 보기 와 같은 형식으로 짧은 글을 지어 보세요.

> **보기** 누가 + 왜 + 무엇을 + 어떻게 했다

떠밀다	
코대답	
안간힘	

낱말 쌈 싸 먹기

알쏭달쏭 헛갈리는 맞춤법, 띄어쓰기, 관용어, 한자어가 이제 한입에 쏙!
하루에 한 쪽씩 맛있게 냠냠 해치우자!

맞춤법 다음 문장에서 ( ) 안의 낱말 중 맞춤법이 맞는 낱말에 ○표 하세요.

아이들이 개울에서 (헤염, 헤엄)을 치고 있습니다.

띄어쓰기 주어진 두 문장 중 하나에는 띄어쓰기가 틀린 부분이 있습니다. 둘 중 바르게 띄어쓰기를 한 문장을 찾아서 ○표 하세요.

㉮ 추위가 뼈 속까지 **스며들었습니다.**　　　㉯ 추위가 뼈 속까지 **스며 들었습니다.**

도움말 '속으로 배어들다.' 라는 뜻을 가진 한 낱말입니다.

관용어 □ 안에 낱말을 넣어서 그림 속 상황과 어울리는 속담이나 관용구를 만들어 보세요.

> 언제 집에 가요?
> 태풍 때문에 배가 못 뜬대.
> 우아!

□ 이 묶이다

한자어 글의 의미에 맞게 □ 안에 들어갈 알맞은 한자어를 **보기** 에서 찾아 써 보세요.

한글은 □□ 적으로도 뛰어난 과학성을 인정받은 □□ 이다.

보기　· 世上　　· 世界　　· 文字　　· 問題

30

가로·세로 낱말 만들기

 주어진 글자를 연결하여 **29** 회에 공부한 낱말을 만들어 보세요.

				기			
				간			

화	밀	기	답	간
코	안	대	힘	소

★ 도전 시간 | **1분**

★ 만들 낱말 수 | **3개**

★ 만든 낱말 수 | 개

낱말은 쏙쏙! 생각은 쑥쑥!

그림으로 낱말 찾기

지시선이 가리키는 그림을 보고 사물의 이름이나 행동, 상태 등에 해당하는 낱말을
보기에서 찾아 □ 안에 쓰세요.

❶ 이름씨

❷ 움직씨

❸ 이름씨

❹ 움직씨

❺ 움직씨

보기 • 구상   • 바꾸다   • 썰매   • 얼다   • 절이다   • 털다   • 팽이   • 합주

낱말 뜻 알기

□ 안에는 어떤 낱말의 첫 글자가 쓰여 있습니다. 이 첫 글자를 참고하여 □에 알
맞은 말을 넣어 낱말 풀이를 완성해 보세요.

❶ **얼다** : 물□ 가 있는 것이 찬 기운 때문에 딱딱하게 굳어지다.

❷ **합주** : 두 가지 이상의 악□ 로 동□ 에 연주함. 또는 그런 연주.

❸ **절이다** : 채□ 나 생선 따위에 소□ 기나 식초, 설탕 따위가 배어들게 하다.

❹ **구상** : 작품을 만들 때, 내용이나 표□ 형식 따위에 대하여 생각을 정□ 함. 또는 그 생각.

❺ **바꾸다** : 자□ 가 가진 물건을 다른 사람에게 주고 대□ 할 만한 다른 사람의 물건을 받다.

 **낱말 친구 사총사**

다음 밑줄 친 낱말의 뜻이 다른 셋과 같지 <u>않은</u> 것은 어느 것인지 번호를 고르세요.

 ❶ 할머니는 밖에 나가 이불을 **털고** 오셨어.

 ❷ 모래 놀이를 한 뒤에 몸에 붙은 모래를 깨끗이 **털고** 들어와야 해.

 ❸ 바닥 청소를 하기 전에 구석구석에 쌓인 먼지를 **털어** 냈어.

 ❹ 엄마는 맡은 일을 다 **털어** 버렸다고 좋아하셨어.

 **연상되는 낱말 찾기**

다음은 세 낱말을 보고 공통으로 연상되는 낱말을 찾는 문제입니다. 세 낱말과 관련 있는 낱말을 써 보세요.

눈	얼음판	미끄럼	→	
치다	뾰족하다	빙글빙글	→	
겨울	고드름	꽁꽁	→	

 **짧은 글짓기**

주어진 낱말을 이용하여 **보기** 와 같은 형식으로 짧은 글을 지어 보세요.

보기	누가 + 어디서 + 무엇을 + 어떻게 했다

구상	
합주	
절이다	

낱말 쌈 싸 먹기

알쏭달쏭 헛갈리는 맞춤법, 띄어쓰기, 관용어, 한자어가 이제 한입에 쏙!
하루에 한 쪽씩 맛있게 냠냠 해치우자!

맞춤법 다음 문장에서 맞춤법이 **틀린** 낱말을 찾아 바르게 고쳐 써 보세요.

학원 5층에는 휴계실, 매점, 식당 등이 있다.　　　(　　　　　) → (　　　　　)

띄어쓰기 주어진 두 문장 중 하나에는 띄어쓰기가 틀린 부분이 있습니다. 둘 중 바르게 띄어쓰기를 한 문장을 찾아서 ○표 하세요.

㉮ 아빠가 **곤드레 만드레** 취해서 오셨습니다.

㉯ 아빠가 **곤드레만드레** 취해서 오셨습니다.

도움말 모양을 흉내내는 낱말입니다.

관용어 □ 안에 낱말을 넣어서 그림 속 상황과 어울리는 속담이나 관용구를 만들어 보세요.

재가 때렸어요,
재가 뺏어 갔어요.

흥, 제가
안 그랬거든요!

이 녀석이 거짓말까지……

못된 □□□
엉덩이에 □이 난다

한자어 글의 의미에 맞게 □ 안에 들어갈 알맞은 사자성어를 보기 에서 찾아 써 보세요.

사람들은 욕심을 부리다가 실패한 아저씨를 보고 □□□□이라며 얼굴을 찌푸렸다.

보기 　• 자업자득(自業自得)　　• 자화자찬(自畵自讚)　　• 일거양득(一擧兩得)

한글 맞춤법 알아보기

공습국어 어휘력의 낱말 쌈 싸먹기 꼭지에서는 맞춤법과 띄어쓰기, 그리고 관용어와 관련된 문제를 풀게 됩니다. 그런데 맞춤법이나 띄어쓰기의 경우 미리 약속한 규칙이 있어서 이를 잘 알지 못하면 문제를 풀기 쉽지 않습니다. 따라서 문제를 풀기 전에 맞춤법과 띄어쓰기에 관련하여 약속된 규칙을 꼼꼼히 살펴보는 것이 필요합니다.

한글 맞춤법 알아보기에서는 국립국어원의 한글 맞춤법과 표준어 규정 중에서 낱말 쌈 싸먹기의 맞춤법과 띄어쓰기에 나오는 낱말에 해당하는 규칙들을 살펴 볼 것입니다. 문법 용어나 설명하는 내용이 다소 어렵게 느껴지겠지만 문제를 풀기 위해서 꼭 알아두어야 할 규칙이므로 자주 읽어보면서 머릿속에 기억해 두기 바랍니다.

★ 맞춤법과 띄어쓰기와 관련된 용어 및 설명은 국립국어원 홈페이지(www.korean.go.kr)의 어문 규정을 따랐음을 밝힙니다. 아울러 지면상 본 교재에서 다루지 못한 부분이나 맞춤법과 띄어쓰기에 관련된 좀 더 자세한 정보는 국립국어원 홈페이지를 참고해 주시기 바랍니다.

한글 맞춤법의 기본 원칙

한글 맞춤법 총칙 1장 1항에 보면 '한글 맞춤법은 표준어를 소리대로 적되, 어법에 맞도록 함을 원칙으로 한다.' 라고 되어 있습니다. 우리말은 표음문자, 즉 말소리를 그대로 기호로 나타낸 문자이기 때문에 소리대로 글자를 적지만 모든 낱말을 소리대로 적을 수는 없습니다. 왜냐하면 우리말에는 소리가 비슷한 낱말들이 많이 있고 같은 글자라도 어떤 글자와 결합하느냐에 따라 소리가 달라져서 소리대로 적을 경우 그 뜻을 분간하기 어렵기 때문입니다. 꽃을 예를 들어 설명해 볼까요?

• 꽃이 ➡ 꼬치	• 꽃나무 ➡ 꼰나무	• 꽃밭 ➡ 꼳빧

위와 같이 소리대로 적으면 '꽃' 이라고 하는 원래 모양이 사라져 버리고 글자 모양도 매번 달라져서 뜻을 파악하기가 매우 불편해 집니다. 그래서 소리대로 적긴 하지만 원래 모양을 밝혀 적어야 함을 원칙으로 세운 것입니다.

그럼 맞춤법에 맞게 글을 쓰기 위해 알아 두어야 할 몇 가지 규칙을 살펴볼까요?

● 된소리가 나지만 된소리로 적지 않는 경우

된소리는 'ㄲ, ㄸ, ㅃ, ㅆ, ㅉ' 으로 발음되는 소리입니다. 다음은 된소리가 나지만 된소리로 적지 않는 경우입니다.

• 국수(O), 국쑤(✕)	• 깍두기(O), 깍뚜기(✕)	• 갑자기(O), 갑짜기(✕)
• 법석(O), 법썩(✕)	• 뚝배기(O), 뚝빼기(✕)	• 납작하다(O), 납짝하다(✕)
• 떡볶이(O), 떡뽁끼(✕)	• 몹시(O), 몹씨(✕)	• 거꾸로(O), 꺼꾸로(✕)
• 고깔(O), 꼬깔(✕)	• 눈곱(O), 눈꼽(✕)	• 돌부리(O), 돌뿌리(✕)

● 예사소리가 아니라 된소리나 거센 소리로 적어야 하는 경우

된소리나 거센 소리로 적어야 하는 낱말 중 예사소리로 적는 것으로 잘못 알고 있는 경우가 있습니다. 다음은 된소리로 적어야 하는 낱말입니다.

• 나무꾼(O), 나뭇군(✕)	• 날짜(O), 날자(✕)	• 살코기(O), 살고기(✕)
• 눈썹(O), 눈섶(✕)	• 머리카락(O), 머리가락(✕)	• 수탉(O), 수닭(✕)
• 팔꿈치(O), 팔굼치(✕)		

● 'ㅈ, ㅊ'으로 소리가 나도 'ㄷ, ㅌ'으로 적는 경우

'ㄷ, ㅌ' 받침이 있는 글자 다음에 '이'나 '히'가 와서 'ㅈ, ㅊ'으로 소리가 나더라도 'ㄷ, ㅌ'으로 적습니다.

> • 해돋이(○), 해도지(×)　　• 끝이(○), 끄치(×)　　• 닫히다(○), 다치다(×)

● 한자어의 첫소리가 'ㄴ, ㄹ'일 때 'ㅇ'으로 적는 경우

한자음 '녀, 뇨, 뉴, 니'가 낱말의 첫머리에 올 적에는, '여, 요, 유, 이'로 적습니다. 또한 한자음 '랴, 려, 례, 료, 류, 리'가 낱말의 첫머리에 올 때에도, '야, 여, 예, 요, 유, 이'로 적습니다.

> • 여자(○), 녀자(×)　　• 연세(○), 년세(×)　　• 요소(○), 뇨소(×)
> • 양심(○), 량심(×)　　• 역사(○), 력사(×)　　• 예의(○), 례의(×)

● 한자어의 첫소리가 'ㄹ'일 때 'ㄴ'으로 적는 경우

한자음 '라, 래, 로, 뢰, 루, 르'가 단어의 첫머리에 올 적에는, '나, 내, 노, 뇌, 누, 느'로 적습니다.

> • 낙원(○), 락원(×)　　• 내일(○), 래일(×)　　• 노동(○), 로동(×)

● 받침소리가 원래 글자와 다른 경우

우리말 받침소리는 'ㄱ, ㄴ, ㄷ, ㄹ, ㅁ, ㅂ, ㅇ'의 7개 자음만 발음하지만 받침에는 쌍자음을 비롯하여 모든 자음을 쓸 수 있습니다. 따라서 소리 나는 대로 받침을 적을 경우 틀릴 수 있으니 주의해야 합니다.

> • 곶감(○), 곧깜(×)　　• 갓길(○), 갇낄(×)　　• 곳간(○), 곧깐(×)
> • 깎다(○), 깍따(×)　　• 꺾다(○), 꺽따(×)　　• 닦다(○), 닥따(×)
> • 굶다(○), 굼따(×)　　• 넓다(○), 널따(×)　　• 무릎(○), 무릅(×)
> • 옛날(○), 옌날(×)　　• 풀잎(○), 풀입(×)　　• 넋두리(○), 넉두리(×)
> • 여덟(○), 여덜(×)　　• 이튿날(○), 이튼날(×)　　• 싫증(○), 실쯩(×)
> • 부엌(○), 부억(×)

● **발음이 비슷하여 잘못 쓰기 쉬운 경우 1**

모음 'ㅔ'와 'ㅐ', 그리고 'ㅖ'는 소리를 구별하기 어려워 잘못 쓰기 쉽습니다.

- 가게(○), 가개(×)
- 핑계(○), 핑게(×)
- 게양(○), 계양(×)
- 어깨(○), 어께(×)
- 돌멩이(○), 돌맹이(×)
- 메밀국수(○), 매밀국수(×)
- 메뚜기(○), 매뚜기(×)
- 절레절레(○), 절래절래(×)
- 휴게실(○), 휴계실(×)
- 지게(○), 지개(×)
- 수수께끼(○), 수수깨끼(×)
- 찌개(○), 찌게(×)
- 게시판(○), 계시판(×)
- 배게(○), 배개(×)
- 지우개(○), 지우게(×)
- 술래잡기(○), 술레잡기(×)

● **발음이 비슷하여 잘못 쓰기 쉬운 경우 2**

모음 'ㅣ'와 'ㅢ'는 소리를 구별하기 어려워 잘못 쓰기 쉽습니다.

- 무늬(○), 무니(×)

● **한 낱말 안에서 같은 음절이나 비슷한 음절이 겹쳐 나는 경우**

한글 맞춤법에서는 낱말 안에서 같은 음절이나 비슷한 음절이 겹쳐 나면 같은 글자로 적습니다. 예를 들어 '딱따구리'는 'ㄸ' 음이 한 낱말에서 겹쳐나기 때문에 '딱다구리'라고 쓰지 않습니다.

- 짭짤하다(○), 짭잘하다(×)
- 똑딱똑딱(○), 똑닥똑닥(×)
- 씁쓸하다(○), 씁슬하다(×)
- 꼿꼿하다(○), 꼿곳하다(×)
- 씩씩하다(○), 씩식하다(×)
- 밋밋하다(○), 민밋하다(×)

● **'-장이'로 쓰는 경우와 '-쟁이'로 쓰는 경우**

기술자를 뜻할 때는 '-장이'로, 그 외에는 '-쟁이'로 써야 합니다.

- 멋쟁이(○), 멋장이(×)
- 미장이(○), 미쟁이(×)
- 개구쟁이(○), 개구장이(×)
- 대장장이(○), 대장쟁이(×)
- 난쟁이(○), 난장이(×)
- 겁쟁이(○), 겁장이(×)

● **의성어와 의태어에서 모음조화 현상을 따르지 않는 경우**

모음을 구분할 때 'ㅏ, ㅗ' 따위를 양성 모음이라고 하고, 'ㅓ, ㅜ' 따위를 음성 모음이라고 합니다. 모음조화란 양성 모음은 양성 모음끼리, 음성 모음은 음성 모음끼리 어울리는 현상을 말합니다. '얼룩덜룩', '알록달록' 과 같이 소리나 모양을 흉내 낸 의성어와 의태어의 경우는 모음조화의 원칙에 따라 낱말을 적습니다. 하지만 모음조화 현상을 따르지 않는 예외도 있습니다. 이 예외적인 경우 이외에는 모음조화 현상에 따라 의성어와 의태어를 써야 합니다.

- 오순도순(○), 오손도손(×)
- 깡충깡충(○), 깡총깡총(×)
- 소꿉장난(○), 소꼽장난(×)

● **발음에 변화가 일어나 새롭게 정한 표준어**

원래는 둘 다 표준어였지만 자음이나 모음의 발음에 변화가 일어나 하나만 둘 중 하나만 표준어가 된 경우가 있습니다. 표준어와 비표준어를 혼동하지 않도록 주의 합니다.

- 강낭콩(○), 강남콩(×)
- 부딪치다(○), 부딪히다(×)
- 빈털터리(○), 빈털털이(×)
- 숟가락(○), 숫가락(×)
- 짜깁기(○), 짜집기(×)
- 무(○), 무우(×)
- 내로라하다(○), 내노라하다(×)
- 서슴지(○), 서슴치(×)
- 셋째(○), 세째(×)
- 없음(○), 없슴(×)
- 할게(○), 할께(×)
- 구절(○), 귀절(×)
- 미숫가루(○), 미싯가루(×)
- 홀아비(○), 홀애비(×)

- 며칠(○), 몇일(×)
- 상추(○), 상치(×)
- 삐치다(○), 삐지다(×)
- 사글세(○), 삯월세(×)
- 자장면(○), 짜장면(×)
- 김치 소(○), 김치 속(×)
- 뒤꼍(○), 뒤켠(×)
- 넉넉지(○), 넉넉치(×)
- 수탉(○), 숫닭(×)
- 엊그저께(○), 엇그저께(×)
- 해님(○), 햇님(×)
- 끼어들다(○), 끼여들다(×)
- 트림(○), 트름(×)
- 쌍둥이(○), 쌍동이(×)

- 맞추다(○), 마추다(×)
- 설거지(○), 설겆이(×)
- 삼수갑산(○), 산수갑산(×)
- 수퇘지(○), 숫돼지(×)
- 우레(○), 우뢰(×)
- 멀리뛰기(○), 넓이뛰기(×)
- 밭다리(○), 밧다리(×)
- 수평아리(○), 숫평아리(×)
- 암캐(○), 암개(×)
- 어쨌든(○), 여쨌든(×)
- 예쁘다(○), 이쁘다(×)
- 할인(○), 활인(×)
- 장구(○), 장고(×)

● **뜻을 구별하여 사용해야 하는 낱말**

우리말에는 뜻은 다른데 글자나 발음이 비슷한 낱말이나 둘 이상의 낱말이 비슷한 뜻을 가져서 어떤 낱말을 사용해야 할지 애매한 경우가 많이 있습니다.

- 걸음 : '걷다'의 명사형 / 거름 : 땅을 기름지게 하는 물질
- 바라다 : 그렇게 되었으면 하고 생각하다. / 바래다 : 색이 바래다. 또는 배웅하다.
- 얼음 : 물이 굳은 것 / 어름 : 구역과 구역의 경계점
- 웃옷 : 겉에 입는 옷 / 윗옷 : 위에 입는 옷
- 장사 : 물건을 파는 일 / 장수 : 장사하는 사람
- 짖다 : 소리를 내다. / 짓다 : 무엇을 만들다.
- 가리키다 : 방향이나 대상을 알리다. / 가르치다 : 지식이나 기능을 알게 하다.
- 다르다 : 서로 같지 않다. / 틀리다 : 그르거나 어긋나다.
- 반듯이 : 굽지 않고 바르다. / 반드시 : 틀림없이, 꼭
- 부치다 : 편지나 물건 등을 보내다. / 붙이다 : 떨어지지 않게 하다.
- 잊어버리다 : 생각이 나지 않다. / 잃어버리다 : 물건이 없어져 갖고 있지 않다.
- 늘리다 : 커지거나 많게 되다. / 늘이다 : 원래보다 더 길게 하다.
- 돋구다 : 안경의 도수 따위를 높이다. / 돋우다 : 위로 올려 도드라지거나 높아지게 하다.
- 댕기다 : 불이 옮아 붙다. / 당기다 : 마음이나 몸이 끌리다.
- 다리다 : 다리미로 옷을 문지르다. / 달이다 : 액체 따위를 끓여서 진하게 만들다.
- 비치다 : 빛을 받아 모양이 나타나 보이다. / 비추다 : 빛을 다른 대상이 받게 하다.
- 빌다 : 간청하거나 호소하다. / 빌리다 : 남의 물건이나 돈을 얼마 동안 쓰다.
- 살지다 : 살이 많고 튼실하다. / 살찌다 : 몸에 살이 필요 이상으로 많아지다.
- 벌이다 : 일 따위를 시작하거나 펼쳐 놓다. / 벌리다 : 둘 사이를 넓히거나 멀게 하다.

띄어쓰기의 기본 원칙

한글 맞춤법 1장 2항에 의하면 '문장의 각 단어는 띄어 씀을 원칙으로 한다.'고 되어 있습니다. 그렇다고 모든 낱말을 띄어서 쓰는 것은 아닙니다. '나는 학생입니다.'라는 문장을 보면 '나'와 '는'은 각각 다른 낱말이지만 붙여 쓴 걸 알 수 있습니다. 두 낱말은 붙여 쓴 것은 '는'이 독자적인 의미를 갖고 있지 않기 때문입니다.

이처럼 낱말을 붙여 쓸 때도 있기 때문에 띄어쓰기는 항상 헷갈리지만 몇 가지 규칙을 기억해 두면 띄어쓰기에 대해 자신감을 가질 수 있을 것입니다.

● 조사는 그 앞말에 붙여 쓴다

낱말은 명사(이름씨), 동사(움직씨), 형용사(그림씨), 부사(어찌씨), 조사 등과 같이 품사에 따라 구분할 수 있는데, 조사는 독자적인 의미가 없이 명사 뒤에 붙어 명사를 주어, 목적어, 서술어 등으로 만드는 기능적 역할을 담당합니다.

~까지	학교까지	~치고	양반치고	~밖에	너밖에
~같이	사자같이	~(이)든지	누구든지	~대로	이대로
~더러	누구더러	~조차	너조차	~에설랑	바다에설랑
~처럼	처음처럼	~보다	양보다	~마따나	말마따나
~한테	삼촌한테	~(은)커녕	짐승은커녕	~마다	사람마다
~마저	엄마마저	~(이)나마	조금이나마	~라야만	너라야만

● 의존 명사는 앞말과 띄어 쓴다

의존 명사는 다른 명사에 기대어 쓰는 형식적인 낱말로 조사와 비슷하지만 명사의 성격을 갖고 있기 때문에 조사와는 달리 앞말에 붙여 쓰지 않고 띄어 씁니다. 띄어쓰기를 틀리는 대부분의 경우를 보면 어떤 낱말을 접했을 때 이것이 의존명사인지 아닌지 헷갈려하기 때문입니다. 따라서 의존명사를 확실히 알아두는 것이 띄어쓰기를 잘하는 지름길입니다.

단위나 수량을 나타내는 의존명사					
개	한 개, 두 개	분	한 분, 어떤 분	자루	연필 한 자루
줄	한 줄, 두 줄	마리	닭 한 마리	다발	꽃 한 다발
그루	나무 한 그루	켤레	신발 한 켤레	방	홈런 한 방
근	돼지고기 한 근	채	집 한 채	포기	풀 한 포기

단위나 수량을 나타내는 의존명사

모금	물 한 **모금**	주먹	한 **주먹**	톨	밤 한 **톨**
가지	한 **가지**, 몇 **가지**	척	배 한 **척**	벌	옷 한 **벌**
살	아홉 **살**, 열 **살**	대	차 한 **대**	장	종이 한 **장**

꾸며주는 말 뒤에서 쓰이는 의존명사

지	떠난 **지**	쪽	어느 **쪽**	차	가려던 **차**
만큼	노력한 **만큼**	양	바보인 **양**	터	내일 갈 **터**
채	모르는 **채**	수	이럴 **수**가	만	좋아할 **만**도
척	아는 **척**	데	사는 **데**	자	맞설 **자**가
바	뜻한 **바**	이	아는 **이**	것	어느 **것**
대로	느낀 **대로**	쪽	가까운 **쪽**	분	착한 **분**
탓	게으른 **탓**	듯	자는 **듯**	체	잘난 **체**
줄	그럴 **줄**	딴	제 **딴**에는	나위	더할 **나위**
따름	웃을 **따름**	뿐	보낼 **뿐**	둥	하는 **둥**
때문	너 **때문**	뻔	다칠 **뻔**	따위	너 **따위**
리	그럴 **리**가	나름	하기 **나름**		

두 말을 이어주거나 열거하는 의존명사

등	국어, 수학, 영어 **등**	대	청군 **대** 백군	내지	열 **내지** 스물
겸	차장 **겸** 팀장	및	선생님 **및** 학부모님	등지	광주, 대구 **등지**

호칭이나 관직과 관련된 의존명사

군	홍길동 **군**	박사	아인슈타인 **박사**	씨	이몽룡**씨**

기타 의존명사

편	기차 **편**	통	난리 **통**

● 접사는 낱말의 앞이나 뒤에 붙여 쓴다

접사는 홀로 쓰이지 않고 다른 낱말의 앞에 붙어서 새로운 뜻을 가진 낱말을 만드는 역할을 합니다. 낱말의 앞에 붙을 때는 접두사라고 하고, 뒤에 붙을 때는 접미사라고 합니다. 접사 중에는 관형사나 의존명사와 비슷한 글자가 많아 띄어쓰기를 틀리는 경우가 많으므로 잘 기억해 두세요.

맏	맏며느리	맨	맨발	풋	풋고추
한	한가운데	웃	웃어른	늦	늦더위
날	날고기	덧	덧버선	햇	햇과일
민	민소매	개	개꿈	돌	돌미역
맞	맞대결	설	설익다	강	강타자
홑	홑이불	새	새까맣다	선	선무당
헛	헛수고	알	알거지	맞	맞절
핫	핫바지	처	처먹다	짝	짝사랑
막	막노동	엿	엿듣다	질	걸레질
내	겨우내	꾼	구경꾼	둥이	귀염둥이
뱅이	가난뱅이	광	농구광	치	중간치

● 둘 이상의 낱말이 결합하여 붙여 쓰는 합성명사

명사와 명사가 결합하여 새로운 뜻을 가진 하나의 낱말이 되는 경우 두 낱말을 띄어 쓰지 않고 붙여 씁니다.

겉+모양	겉모양	길+바닥	길바닥	단풍+잎	단풍잎
그림+일기	그림일기	가을+밤	가을밤	말+없이	말없이
기와+집	기와집	꽃+가루	꽃가루	돌+잔치	돌잔치
몸+무게	몸무게	돼지+고기	돼지고기	말+버릇	말버릇
불+장난	불장난	고기잡이+배	고기잡이배	단발+머리	단발머리
막내+딸	막내딸	아침+밥	아침밥	웃음+바다	웃음바다
새끼+손가락	새끼손가락	단골+손님	단골손님	봄+빛	봄빛
밥+상	밥상	호박+엿	호박엿	송이+버섯	송이버섯
비+바람	비바람	바늘+구멍	바늘구멍	밥+그릇	밥그릇
묵+사발	묵사발	조각+구름	조각구름	물+장수	물장수

● **둘 이상의 동사가 결합하여 붙여 쓰는 복합동사**

동사와 동사가 결합하여 새로운 뜻을 가진 하나의 낱말이 되는 경우 두 낱말을 띄어 쓰지 않고 붙여 씁니다.

가지다＋가다	가져가다	걷다＋가다	걸어가다	쫓기다＋나다	쫓겨나다
구르다＋가다	굴러가다	뛰다＋다니다	뛰어다니다	올리다＋놓다	올려놓다
찾다＋보다	찾아보다	고맙다＋하다	고마워하다	바라다＋보다	바라보다
내리다＋오다	내려오다	즐겁다＋하다	즐거워하다	잡다＋먹다	잡아먹다
따르다＋가다	따라가다	기다＋가다	기어가다	솟다＋나다	솟아나다
하다＋나다	해내다	무섭다＋하다	무서워하다	달리다＋가다	달려가다
벗다＋나다	벗어나다	잡다＋당기다	잡아당기다	그립다＋하다	그리워하다
데리다＋가다	데려가다	내리다＋놓다	내려놓다	모이다＋들다	모여들다
얻다＋먹다	얻어먹다	뛰다＋가다	뛰어가다	깨다＋나다	깨어나다
잡다＋가다	잡아가다	물리다＋나다	물러나다	쫓다＋가다	쫓아가다
튀다＋나오다	뛰어나오다	돌다＋가다	돌아가다	뛰다＋나가다	뛰쳐나가다
스미다＋들다	스며들다	거들뜨다＋보다	거들떠보다		

공습국어 초등어휘

정답과 해설

1·2학년 심화Ⅲ

주니어김영사

낱말은 쏙쏙! 생각은 쑥쑥!

★ 그림으로 낱말 찾기 ★
① 사냥 ② 굽다 ③ 수북하다 ④ 샘물 ⑤ 바가지

★ 낱말 뜻 알기 ★
① 쌓이, 불룩 ② 소설, 편지 ③ 곡식, 그릇 ④ 물건, 널빤지
⑤ 플라스틱, 그릇

★ 낱말 친구 사총사 ★
①

해설 ②, ③, ④에 쓰인 '지은, 짓고'는 '시, 소설, 편지, 노래 가사 따위와 같은 글을 쓰다.'라는 뜻이고, ①에 쓰인 '지어'는 '재료를 들여 밥, 옷, 집 따위를 만들다.'라는 뜻입니다.

★ 연상되는 낱말 찾기 ★
사냥, 선반, 바가지

★ 짧은 글짓기 ★
• 예 아빠와 내가 샘물을 발견했다.
• 예 할머니께서 생선을 맛있게 구워 주셨다.
• 예 장난꾸러기 동생이 책을 수북하게 쌓아 놓았다.

낱말 쌈 싸 먹기

★ 맞춤법 ★
눈썹

해설 '눈썹'은 '눈섶'으로 잘못 쓰기 쉬운 말이므로 바르게 기억하여 둡니다.

★ 띄어쓰기 ★
㉮

해설 '포기'는 뿌리째 있는 식물을 세는 단위로, 앞말과 띄어 씁니다.

★ 관용어 ★
고양이

해설 그림은 형이 동생에게 과자를 맡기고 심부름을 가면서 불안해하는 상황을 표현하고 있습니다. 이런 상황과 어울리는 속담에는 '고양이한테 생선을 맡기다'가 있습니다. '고양이한테 생선을 맡기다'는 '고양이한테 생선을 맡기면 고양이가 생선을 먹을 것이 뻔한 것처럼, 어떤 일이나 사물을 믿지 못할 사람에게 맡겨 놓고 마음이 놓이지 않아 걱정함을 비유적으로 이르는 말.'이라는 뜻을 갖고 있습니다.

★ 한자어 ★
學年(학년), 姓名(성명)

낱말은 쏙쏙! 생각은 쑥쑥!

★ 그림으로 낱말 찾기 ★
① 곱셈 ② 문어 ③ 모눈종이 ④ 켤레 ⑤ 자루

★ 낱말 뜻 알기 ★
① 겹쳐, 꺾어 ② 필기도구 ③ 세로, 가로 ④ 양말, 방망이
⑤ 물건, 도구

★ 낱말 친구 사총사 ★
②

해설 ①, ③, ④에 쓰인 '담긴, 담아서, 담을'은 '어떤 물건을 그릇 따위에 넣다.'라는 뜻이고, ②에 쓰인 '담긴'은 '어떤 내용이나 사상을 그림, 글, 말, 표정 따위 속에 포함하거나 반영하다.'라는 뜻입니다.

★ 연상되는 낱말 찾기 ★
켤레, 문어, 접다

★ 짧은 글짓기 ★
• 예 준오는 곱셈 공부를 열심히 했다.
• 예 정기는 연필 열 자루를 지원이에게 선물로 주었다.
• 예 이모가 냉장고에서 곶감을 꺼내 주셨다.

낱말 쌈 싸 먹기

★ 맞춤법 ★
눈꼽 → 눈곱

해설 '눈곱[눈꼽]'은 '눈꼽'으로 잘못 쓰기 쉬운 말입니다. 글자 모양과 읽을 때의 소리가 다른 낱말은 틀리기 쉬우므로 바르게 기억하여 둡니다.

★ 띄어쓰기 ★
㉮

해설 '고기잡이배'는 '고기잡이'와 '배'가 하나로 합쳐져서 쓰이는 낱말입니다.

★ 관용어 ★
미운, 떡

해설 그림은 짓궂게 장난치는 친구에게 화를 내지 않고 도리어 사탕을 주는 상황을 표현하고 있습니다. 이런 상황과 어울리는 속담에는 '미운 아이 떡 하나 더 준다'가 있습니다. '미운 아이 떡 하나 더 준다'는 '미운 사람일수록 잘해 주고 감정을 쌓지 않아야 한다는 말'이라는 뜻을 갖고 있습니다.

★ 한자어 ★
타산지석(他山之石)

해설 • 타산지석(他山之石) : 다른 산의 나쁜 돌이라도 자신의 산의 옥

돌을 가는 데에 쓸 수 있다는 뜻으로, 본이 되지 않은 남의 말이나 행동도 자신의 지식과 인격을 수양하는 데에 도움이 될 수 있음을 비유적으로 이르는 말.
- 기고만장(氣高萬丈) : 기운이 만 장이나 뻗쳤다는 뜻으로, 펄펄 뛸 만큼 대단히 성이 나거나 일이 뜻대로 잘될 때 우쭐하여 뽐내는 기세가 대단함을 이르는 말.
- 이심전심(以心傳心) : 마음에서 마음으로 전한다는 뜻으로, 마음과 마음으로 서로 뜻이 통함을 이르는 말.

03회 | 24~26쪽

★ 그림으로 낱말 찾기 ★
❶ 등산 ❷ 비추다 ❸ 비슷하다 ❹ 과일 ❺ 쏟다

★ 낱말 뜻 알기 ★
❶ 사실, 알림 ❷ 사람, 미리 ❸ 다른, 밝게 ❹ 사회, 자신
❺ 모양, 부분

★ 낱말 친구 사총사 ★
❸

해설 ❶, ❷, ❹에 쓰인 '쏟아서, 쏟고, 쏟아'는 '액체나 물질을 그것이 들어 있는 용기에서 바깥으로 나오게 하다.'라는 뜻이고, ❸에 쓰인 '쏟는'은 '마음이나 정신 따위를 어떤 대상이나 일에 기울이다.'라는 뜻입니다.

★ 연상되는 낱말 찾기 ★
과일, 등산, 봉사

★ 짧은 글짓기 ★
- 예 친구가 밤늦게 연락을 했다.
- 예 아빠와 나는 지난 토요일에 등산을 다녀왔다.
- 예 형과 나는 백화점에서 비슷한 모양의 가방을 샀다.

★ 맞춤법 ★
노른자

해설 '노른자'는 달걀 안쪽에 있는 노란 부분으로 '노란자'로 잘못 쓰기 쉬운 말입니다. 단, '노란 사람'의 뜻이면 '노란 자'로 띄어 씁니다.

★ 띄어쓰기 ★
㉯

해설 '맞'은 '마주' 또는 '서로 엇비슷하게'의 뜻을 더하는 말로, 뒷말과 붙여 씁니다.

길

해설 그림은 밀린 일기 중 이제 겨우 이틀 치를 써서, 앞으로 쓸 게 많이 남은 상황을 표현하고 있습니다. 이런 상황과 어울리는 관용구에는 '갈 길이 멀다'가 있습니다. '갈 길이 멀다'는 '앞으로 해야 할 일이 많이 남아 있다.'라는 뜻을 갖고 있습니다.

★ 한자어 ★
南北(남북), 統一(통일)

04회 | 28~30쪽

★ 그림으로 낱말 찾기 ★
❶ 술래잡기 ❷ 양달 ❸ 그림자 ❹ 방향 ❺ 응달

★ 낱말 뜻 알기 ★
❶ 그늘진 ❷ 통과 ❸ 모양, 달라 ❹ 부분, 구체
❺ 놀이, 여럿

★ 낱말 친구 사총사 ★
❹

해설 '그림자 하나 얼씬하지 않다'는 '한 사람도 나타나지 않다.'라는 뜻의 관용구입니다.

★ 연상되는 낱말 찾기 ★
방향, 응달, 술래잡기

★ 짧은 글짓기 ★
- 예 우리는 양달에서 볕을 쬐며 놀았다.
- 예 나는 풀밭에서 벌레를 자세히 관찰했다.
- 예 누나는 유리창을 투명하게 닦았다.

★ 맞춤법 ★
도령님 → 도련님

해설 '도련님'은 도령의 높임말로 '도령님'으로 잘못 쓰기 쉬운 말이므로 바르게 기억하여 둡니다.

★ 띄어쓰기 ★
㉮

해설 '내지'는 '얼마에서 얼마까지'의 뜻을 나타내는 말로, 앞말과 띄어 씁니다.

★ 관용어 ★

사촌, 배

해설 그림은 친구가 잘한 것을 칭찬하거나 기뻐해 주지 않고 못마땅하게 생각하는 상황을 표현하고 있습니다. 이런 상황과 어울리는 속담에는 '사촌이 땅을 사면 배가 아프다' 가 있습니다. '사촌이 땅을 사면 배가 아프다' 는 '남이 잘되는 것을 기뻐해 주지는 않고 오히려 질투하고 시기하는 경우를 비유적으로 이르는 말' 이라는 뜻을 갖고 있습니다.

★ 한자어 ★

장유유서(長幼有序)

해설 • 살신성인(殺身成仁) : 자신의 몸을 죽여 인을 이룬다는 뜻으로, 자기의 몸을 희생하여 옳은 도리를 행하는 것을 이르는 말.
• 결자해지(結者解之) : 일을 맺은 사람이 풀어야 한다는 뜻으로, 일을 저지른 사람이 그 일을 해결해야 함을 이르는 말.
• 장유유서(長幼有序) : 어른과 어린이 사이에는 순서와 질서가 있다는 뜻으로, 어른과 어린이 사이의 도리는 엄격한 차례가 있고 복종해야 할 질서가 있음을 이르는 말.

05회 | 32~34쪽

 낱말은 쏙쏙! 생각은 쑥쑥!

★ 그림으로 낱말 찾기 ★

① 깡충깡충 ② 쓰러지다 ③ 앙감질 ④ 비틀비틀
⑤ 깔깔대다

★ 낱말 뜻 알기 ★

① 뛰는 ② 목소리, 계속 ③ 음악, 기구 ④ 마음, 감정
⑤ 어지러, 쓰러질

★ 낱말 친구 사총사 ★

③

해설 '피아노', '단소', '바이올린' 은 모두 '악기' 의 종류입니다.

★ 연상되는 낱말 찾기 ★

표정, 깡충깡충, 비눗방울

★ 짧은 글짓기 ★

• **예** 아빠가 술에 취해서 길을 비틀비틀 걸으셨다.
• **예** 나는 동생이 깔깔대는 모습이 귀여워서 뽀뽀를 해 주었다.
• **예** 엄마는 나무가 쓰러지지 않도록 받침대를 세워 주셨다.

 낱말 쌈 싸 먹기

★ 맞춤법 ★

돌멩이

해설 'ㅔ' 가 들어가는 글자는 혼동하기 쉽습니다. 'ㅔ' 를 'ㅐ' 로 잘못 쓰지 않도록 주의합니다.

★ 띄어쓰기 ★

㉮

해설 '박사' 는 규정된 절차에 따라 박사 학위를 딴 사람을 가리키는 말로, 앞말과 띄어 씁니다.

★ 관용어 ★

지렁이, 꿈틀

해설 그림은 순한 성격의 아이가 짓궂은 아이에게 박치기를 한 상황을 표현하고 있습니다. 이런 상황과 어울리는 속담에는 '지렁이도 밟으면 꿈틀한다' 가 있습니다. '지렁이도 밟으면 꿈틀한다' 는 '아무리 눌려 지내는 미천한 사람이나, 순하고 좋은 사람이라도 너무 업신여기면 가만있지 않는다는 말' 이라는 뜻을 갖고 있습니다.

★ 한자어 ★

活動(활동), 手話(수화)

06회 | 36~38쪽

 낱말은 쏙쏙! 생각은 쑥쑥!

★ 그림으로 낱말 찾기 ★

① 낫 ② 짚신 ③ 갑옷 ④ 무기 ⑤ 장승

★ 낱말 뜻 알기 ★

① 볏짚 ② 균형, 한쪽 ③ 사이, 가깝다 ④ 싸움, 화살
⑤ 나무, 얼굴

★ 낱말 친구 사총사 ★

①

해설 ②, ③, ④에 쓰인 '쉰다, 쉬고, 쉬는' 은 '일이나 활동을 잠시 그치거나 멈추다.' 라는 뜻이고, ①에 쓰인 '쉬려면' 은 '입이나 코로 공기를 들이마셨다 내보냈다 하다.' 라는 뜻입니다.

★ 연상되는 낱말 찾기 ★

낫, 장승, 무기

★ 짧은 글짓기 ★

• **예** 할아버지께서 짚신을 만들고 계셨다.

- **예** 사회자가 한쪽으로 치우친 의견을 말했다.
- **예** 나는 선생님을 친근하게 느꼈다.

★ 맞춤법 ★
돌뿌리 → 돌부리

해설 '돌부리[돌:뿌리]'는 '돌뿌리'로 잘못 쓰기 쉬운 말입니다. 글자의 모양과 읽을 때의 소리가 다른 낱말은 틀리기 쉬우므로 바르게 기억하여 둡니다.

★ 띄어쓰기 ★
㉮

해설 '보다'는 조사로, 앞말에 붙여 씁니다.

★ 관용어 ★
간

해설 그림은 한 아이가 밤에 장난을 치는 친구를 보고 귀신인 줄 알고 깜짝 놀라는 상황을 표현하고 있습니다. 이런 상황과 어울리는 관용구에는 '간 떨어지다'가 있습니다. '간 떨어지다'는 '몹시 놀라다.'라는 뜻을 갖고 있습니다.

★ 한자어 ★
우후죽순(雨後竹筍)

해설 • 막상막하(莫上莫下) : 위도 없고 아래도 없다는 뜻으로, 더 낫고 더 못함의 차이가 거의 없음을 이르는 말.
• 우후죽순(雨後竹筍) : 비가 온 뒤에 여기저기 솟는 죽순이라는 뜻으로, 어떤 일이 한때에 많이 생겨남을 비유적으로 이르는 말.
• 오합지졸(烏合之卒) : 까마귀가 모인 것처럼 질서가 없이 모인 병졸이라는 뜻으로, 임시로 모여들어서 규율이 없고 무질서한 병졸 또는 군중을 이르는 말.

07회 | 40~42쪽

★ 그림으로 낱말 찾기 ★
❶ 그루 ❷ 줍다 ❸ 우유갑 ❹ 따다 ❺ 덜다

★ 낱말 뜻 알기 ★
❶ 나무, 단위 ❷ 나누어, 남는 ❸ 바닥, 떨어 ❹ 우유, 상자
❺ 관찰, 목적

★ 낱말 친구 사총사 ★
❹

해설 ❶, ❷, ❸에 쓰인 '덜어, 덜면'은 '일정한 수량이나 정도에서 얼마를 떼어 줄이거나 적게 하다.'라는 뜻이고, ❹에 쓰인 '덜어'는 '그러한 행위나 상태를 적게 하다.'라는 뜻입니다.

★ 연상되는 낱말 찾기 ★
줍다, 수목원, 도미노

★ 짧은 글짓기 ★
- **예** 큰아버지께서 막대기로 감을 따 주셨다.
- **예** 형이 우유갑으로 연필꽂이를 만들어 주었다.
- **예** 나는 손으로 나머지 부분을 베껴 썼다.

★ 맞춤법 ★
딱따구리

해설 '딱따구리'는 '딱다구리'로 잘못 쓰기 쉬운 말입니다. 한 단어 안에서 같은 음절이나 비슷한 음절이 겹쳐 나는 부분은 같은 글자로 적기 때문에 바르게 기억하여 둡니다.

★ 띄어쓰기 ★
㉯

해설 '단발머리'는 '단발'과 '머리'가 하나로 합쳐져서 쓰이는 낱말입니다.

★ 관용어 ★
부채질

해설 그림은 형이 꽃병을 깨서 엄마가 무척 화가 났는데, 동생이 숨겨 놓은 시험지까지 찾아내서 엄마의 화를 돋우는 상황을 표현하고 있습니다. 이런 상황과 어울리는 속담에는 '불난 집에 부채질한다'가 있습니다. '불난 집에 부채질한다'는 '남의 재앙을 점점 더 커지도록 만들거나 성난 사람을 더욱 성나게 함을 비유적으로 이르는 말'이라는 뜻을 갖고 있습니다.

★ 한자어 ★
教育(교육), 一生(일생)

08회 | 44~46쪽

★ 그림으로 낱말 찾기 ★
❶ 측우기 ❷ 거북선 ❸ 도자기 ❹ 태권도 ❺ 문화재

★ 낱말 뜻 알기 ★
❶ 마음, 굳세게 ❷ 보호 ❸ 세계, 최초 ❹ 가치, 유산
❺ 그릇, 통틀어

★ 낱말 친구 사총사 ★

❷

해설 ❶, ❸, ❹에 쓰인 '다져, 다졌어, 다지며'는 '마음이나 뜻을 굳게 가다듬다.'라는 뜻이고, ❷에 쓰인 '다졌어'는 '누르거나 밟거나 쳐서 단단하게 하다.'라는 뜻입니다.

★ 연상되는 낱말 찾기 ★

거북선, 측우기, 태권도

★ 짧은 글짓기 ★

• 예 우리 가족은 지난 토요일에 도자기 축제를 보고 왔다.
• 예 삼촌은 아침에 일찍 일어나 몸을 단련했다.
• 예 할아버지께서는 평생 전통을 보존하려고 노력하셨다.

★ 맞춤법 ★

멋장이 → 멋쟁이

해설 '멋쟁이'는 '멋장이'로 잘못 쓰기 쉬운 말입니다. 기술자에게는 '-장이', 그 외에는 '-쟁이'가 붙는 형태를 표준어로 삼는다는 사실을 기억하여 둡니다.

★ 띄어쓰기 ★

㉯

해설 '설'은 '충분하지 못하게'의 뜻을 더하는 말로, 뒷말과 붙여 씁니다.

★ 관용어 ★

바늘, 실

해설 그림은 늘 함께 다니는 두 아이가 화장실까지 함께 가는 상황을 표현하고 있습니다. 이런 상황과 어울리는 속담에는 '바늘 가는 데 실 간다'가 있습니다. '바늘 가는 데 실 간다'는 '바늘이 가는 데 실이 항상 뒤따른다는 뜻으로, 사람의 긴밀한 관계를 비유적으로 이르는 말'이라는 뜻을 갖고 있습니다.

★ 한자어 ★

일장춘몽(一場春夢)

해설 • 일장춘몽(一場春夢) : 한바탕의 봄꿈이라는 뜻으로, 헛된 영화나 덧없는 일을 비유적으로 이르는 말.
• 대동소이(大同小異) : 큰 것이 같고 작은 것이 다르다는 뜻으로, 큰 차이 없이 거의 같음을 이르는 말.
• 청출어람(靑出於藍) : 쪽에서 뽑아낸 푸른 물감이 쪽보다 더 푸르다는 뜻으로, 제자나 후배가 스승이나 선배보다 나음을 비유적으로 이르는 말.

 09회 | 48~50쪽

 낱말은 쏙쏙! 생각은 쑥쑥!

★ 그림으로 낱말 찾기 ★

❶ 물들다 ❷ 뚜렷하다 ❸ 지다 ❹ 윷놀이 ❺ 말

★ 낱말 뜻 알기 ★

❶ 빛깔 ❷ 다른, 특별히 ❸ 흐리지, 분명 ❹ 규칙, 자연
❺ 윷놀이, 말판

★ 낱말 친구 사총사 ★

❶

해설 '국경일'은 나라의 경사를 기념하기 위하여, 국가에서 법률로 정한 경축일입니다. 삼일절, 광복절, 한글날은 국경일에 해당하므로 국경일이 큰 말입니다.

★ 연상되는 낱말 찾기 ★

계절, 지다, 윷놀이

★ 짧은 글짓기 ★

• 예 선생님은 반 아이들의 특징을 찾아보셨다.
• 예 언니는 손톱을 예쁘게 물들였다.
• 예 나는 유치원 졸업식을 뚜렷하게 기억해 냈다.

★ 맞춤법 ★

무늬

해설 '무늬[무니]'는 '무니'로 잘못 쓰기 쉬운 말입니다. 글자의 모양과 읽을 때의 소리가 다른 낱말은 틀리기 쉬우므로 바르게 기억하여 둡니다.

★ 띄어쓰기 ★

㉮

해설 '깨어나다'는 '잠이나 술기운 따위로 잃었던 의식을 되찾다.'라는 뜻으로, 붙여서 하나의 낱말로 씁니다.

★ 관용어 ★

배, 등

해설 그림은 다이어트를 한다고 하루 종일 굶은 아이가 허기져서 밥을 달라고 하는 상황을 표현하고 있습니다. 이런 상황과 어울리는 관용구에는 '배가 등에 붙다'가 있습니다. '배가 등에 붙다'는 '먹은 것이 없어서 배가 홀쭉하고 몹시 허기지다.'라는 뜻을 갖고 있습니다.

★ 한자어 ★

軍人(군인), 國民(국민)

★ 그림으로 낱말 찾기 ★

❶ 묶다 ❷ 만화 ❸ 돌리다 ❹ 뜯다 ❺ 도화지

★ 낱말 뜻 알기 ★

❶ 겹쳐 ❷ 떼거나 ❸ 재미, 그림 ❹ 마음속, 느낌 ❺ 중심

★ 낱말 친구 사총사 ★

❹

해설 ❶, ❷, ❸에 쓰인 '묶었어, 묶어서, 묶어라'는 '끈, 줄 따위를 매듭으로 만들다.'라는 뜻이고, ❹에 쓰인 '묶어서'는 '여럿을 한 체제로 합치다.'라는 뜻입니다.

★ 연상되는 낱말 찾기 ★

만화, 맑다, 도화지

★ 짧은 글짓기 ★

• 예 나는 까먹지 않으려고 인상 깊은 장면을 그려 놓았다.
• 예 할머니께서 산에서 나물을 뜯으셨다.
• 예 엄마가 천을 덧대어 옷을 꿰매 주셨다.

낱말 쌈 싸 먹기

★ 맞춤법 ★

무우 → 무

해설 '무'는 '무우'로 잘못 쓰기 쉬운 말입니다. '무'는 '무우'의 준말로, 준말만 표준어로 삼기 때문에 바르게 기억하여 둡니다.

★ 띄어쓰기 ★

㉮

해설 '얼룩덜룩'은 '여러 가지 어두운 빛깔의 점이나 줄 따위가 고르지 않게 무늬를 이룬 모양'을 뜻하는 말로, 붙여서 하나의 낱말로 씁니다.

★ 관용어 ★

벙어리

해설 그림은 좋아하는 친구 앞에서 아무 말도 하지 못하는 상황을 표현하고 있습니다. 이런 상황과 어울리는 속담에는 '꿀 먹은 벙어리'가 있습니다. '꿀 먹은 벙어리'는 '속에 있는 생각을 나타내지 못하는 사람을 비유적으로 이르는 말'이라는 뜻을 갖고 있습니다.

★ 한자어 ★

기고만장(氣高萬丈)

해설 • 두문불출(杜門不出) : 문을 닫고 나가지 않는다는 뜻으로, 집에만 틀어박혀 사회의 일이나 관직에 나아가지 않음을 이르는 말.
• 기고만장(氣高萬丈) : 기운이 만 장이나 뻗쳤다는 뜻으로, 펄펄 뛸 만큼 대단히 성이 나거나 일이 뜻대로 잘될 때 우쭐하여 뽐내는 기세가 대단함을 이르는 말.
• 적반하장(賊反荷杖) : 도둑이 도리어 몽둥이를 든다는 뜻으로, 잘못한 사람이 도리어 잘한 사람을 나무라는 경우를 이르는 말.

★ 그림으로 낱말 찾기 ★

❶ 배려 ❷ 산책 ❸ 넘어지다 ❹ 지저분하다
❺ 부러뜨리다

★ 낱말 뜻 알기 ★

❶ 도움, 마음 ❷ 날씨, 따뜻 ❸ 반복, 행동 ❹ 휴식, 건강
❺ 한쪽, 쓰러지다

★ 낱말 친구 사총사 ★

❷

해설 ❶, ❸, ❹에 쓰인 '지저분하니, 지저분한, 지저분해서'는 '보기 싫게 더럽다.'라는 뜻이고, ❷에 쓰인 '지저분하게'는 '정돈이 되어 있지 않고 어수선하다.'라는 뜻입니다.

★ 연상되는 낱말 찾기 ★

꾀병, 버릇, 산책

★ 짧은 글짓기 ★

• 예 선생님께서는 나에 대한 배려를 아끼지 않으셨다.
• 예 나는 넘어진 친구를 일으켜 주었다.
• 예 아빠가 실수로 의자 다리를 부러뜨리셨다.

낱말 쌈 싸 먹기

★ 맞춤법 ★

상추

해설 '상추'는 '상치'로 잘못 쓰기 쉬운 말입니다. '상추'는 모음의 발음에 변화가 일어나 새롭게 정한 표준어이기 때문에 틀리기 쉬우므로 바르게 기억하여 둡니다.

★ 띄어쓰기 ★

㉯

해설 '커녕'은 조사로, 앞말에 붙여 씁니다.

★ 관용어 ★

손늉

해설 그림은 김밥 재료를 사 가지고 온 엄마에게 아이가 아직 만들지도 않은 김밥을 달라고 하는 상황을 표현하고 있습니다. 이런 상황과 어울리는 속담에는 '우물에 가 숭늉 찾는다'가 있습니다. '우물에 가 숭늉 찾는다'는 '모든 일에는 질서와 차례가 있는 법인데 일의 순서도 모르고 성급하게 덤 빔을 비유적으로 이르는 말'이라는 뜻을 갖고 있습니다.

★ 한자어 ★

數學(수학), 正答(정답)

12회 | 60~62쪽

낱말은 쏙쏙! 생각은 쑥쑥!

★ 그림으로 낱말 찾기 ★

❶ 통일 ❷ 기원하다 ❸ 출입문 ❹ 기둥 ❺ 헤어지다

★ 낱말 뜻 알기 ★

❶ 바라는 ❷ 태어나, 조상 ❸ 나누어, 하나
❹ 콘크리트, 높이 ❺ 공동, 언어

★ 낱말 친구 사총사 ★

❹

해설 '기둥보다 서까래가 더 굵다'는 주가 되는 것과 그에 따르는 것이 뒤바뀌어 사리에 어긋남을 비유적으로 이르는 속담입니다. '서까래'는 한옥 에서 지붕의 비탈진 면을 받치는 긴 나무를 말합니다.

★ 연상되는 낱말 찾기 ★

통일, 고향, 자유

★ 짧은 글짓기 ★

• **예** 우리 민족은 수많은 어려움을 이겨 냈다.
• **예** 오빠가 출입문을 꼭 닫아 주었다.
• **예** 형제가 헤어지면서 눈물을 흘렸다.

낱말 쌈 싸 먹기

★ 맞춤법 ★

성냥개피 → 성냥개비

해설 '성냥개비'는 '성냥개피'로 잘못 쓰기 쉬운 말이므로 바르게 기억 하여 둡니다.

★ 띄어쓰기 ★

㉮

해설 '막내딸'은 '막내'와 '딸'이 하나로 합쳐져서 쓰이는 낱말입니다.

★ 관용어 ★

약

해설 그림은 평소엔 잘 보이던 고무줄이 먹다 만 과자 봉지를 묶기 위 해 찾을 때는 안 보이는 상황을 표현하고 있습니다. 이런 상황과 어울리는 속담에는 '개똥도 약에 쓰려면 없다'가 있습니다. '개똥도 약에 쓰려면 없 다'는 '평소에 흔하던 것도 막상 긴하게 쓰려고 구하면 없다는 말.'이라는 뜻을 갖고 있습니다.

★ 한자어 ★

조삼모사(朝三暮四)

해설 • 자업자득(自業自得) : 자기의 업을 스스로 받는다는 뜻으로, 자기 가 저지른 일의 결과를 자기가 받음을 이르는 말.
• 일거양득(一擧兩得) : 한 번 들어 둘을 얻는다는 뜻으로, 한 가지 일을 하 여 두 가지 이익을 얻음을 이르는 말.
• 조삼모사(朝三暮四) : 아침에 세 개, 저녁에 네 개라는 뜻으로, 당장 눈앞 에 나타나는 차별만을 알고 그 결과가 같음을 모르는 상황을 비유하거나 간사한 꾀를 써서 남을 속임을 이르는 말.

13회 | 64~66쪽

낱말은 쏙쏙! 생각은 쑥쑥!

★ 그림으로 낱말 찾기 ★

❶ 도깨비 ❷ 꽹과리 ❸ 휘두르다 ❹ 한복 ❺ 부채

★ 낱말 뜻 알기 ★

❶ 즐겁다 ❷ 번개, 소리 ❸ 꽹과리, 장구 ❹ 마구, 사람
❺ 귀신, 장난

★ 낱말 친구 사총사 ★

❶

해설 '천둥에 개 뛰어들 듯'은 놀라 어쩔 줄 모르고 허둥지둥하는 모양 을 비유적으로 이르는 속담입니다.

★ 연상되는 낱말 찾기 ★

한복, 부채, 도깨비

★ 짧은 글짓기 ★

• **예** 나는 사물놀이 공연 때 꽹과리를 쳤다.
• **예** 할아버지는 생신 때 노래를 흥겹게 부르셨다.
• **예** 형이 야구 방망이를 힘껏 휘둘렀다.

★ 맞춤법 ★

셋째

해설 '셋째'는 '세째'로 잘못 쓰기 쉬운 말입니다. 예전에는 순서를 나타낼 때 '두째, 세째' 등으로 쓰기도 하였으나, 맞춤법 규정이 바뀌면서 둘째, 셋째 등으로 써야 올바른 표기가 됩니다.

★ 띄어쓰기 ★

㉯

해설 '강'은 '호된' 또는 '심한'의 뜻을 더하는 말로, 뒷말과 붙여 씁니다.

★ 관용어 ★

눈앞

해설 그림은 집에 돌아갈 차비를 잃어버려 막막해하는 상황을 표현하고 있습니다. 이런 상황과 어울리는 관용구에는 '눈앞이 캄캄하다'가 있습니다. '눈앞이 캄캄하다'는 '어찌할 바를 몰라 아득하다.'라는 뜻을 갖고 있습니다.

★ 한자어 ★

便紙(편지), 住所(주소)

14회 | 68~70쪽

 낱말은 쏙쏙! 생각은 쑥쑥!

★ 그림으로 낱말 찾기 ★

❶ 고깔 ❷ 묻다 ❸ 절뚝이다 ❹ 주저앉다 ❺ 귓속말

★ 낱말 뜻 알기 ★

❶ 피곤, 팔다리 ❷ 다리 ❸ 머리, 모자 ❹ 대가, 대가
❺ 또렷이, 살갗

★ 낱말 친구 사총사 ★

❹

해설 ❶, ❷, ❸에 쓰인 '묻었는데, 묻혀, 묻어'는 '가루, 풀, 물 따위가 그보다 큰 다른 물체에 들러붙거나 흔적이 남게 되다.'라는 뜻이고, ❹에 쓰인 '묻어'는 '물건을 흙이나 다른 물건 속에 넣어 보이지 않게 쌓아 덮다.'라는 뜻입니다.

★ 연상되는 낱말 찾기 ★

고깔, 귓속말, 돌아나다

★ 짧은 글짓기 ★

• 예 돌쇠가 산속에서 품삯을 잃어버렸다.
• 예 나는 침대에서 기지개를 쭉 폈다.
• 예 아이가 길바닥에 주저앉아 울음을 터뜨렸다.

★ 맞춤법 ★

머리가락 → 머리카락

해설 '머리카락'은 '머리+가락'으로 된 합성어로 원래 낱말 뜻을 밝혀 적으면 '머리가락'이 맞지만, '머리카락'이라고 예부터 불려 오면서 소리 나는 대로 표기한 것이 표준어로 정착되었습니다.

★ 띄어쓰기 ★

㉮

해설 '물러나다'는 '있던 자리에서 뒤나 옆으로 몸을 옮기다.'라는 뜻으로, 붙여서 하나의 낱말로 씁니다.

★ 관용어 ★

죽, 코

해설 그림은 다 그리고 나서 말리던 수채화에 주스를 쏟아 그림을 망친 상황을 표현하고 있습니다. 이런 상황과 어울리는 속담에는 '다 된 죽에 코 풀기'가 있습니다. '다 된 죽에 코 풀기'는 '거의 다 된 일을 망쳐 버리는 주책없는 행동을 비유적으로 이르는 말'이라는 뜻을 갖고 있습니다.

★ 한자어 ★

두문불출(杜門不出)

해설 • 두문불출(杜門不出) : 문을 닫고 나가지 않는다는 뜻으로, 집에만 틀어박혀 사회의 일이나 관직에 나아가지 않음을 이르는 말.
• 살신성인(殺身成仁) : 자신의 몸을 죽여 인을 이룬다는 뜻으로, 자기의 몸을 희생하여 옳은 도리를 행하는 것을 이르는 말.
• 오리무중(五里霧中) : 오 리나 되는 짙은 안개 속에 있다는 뜻으로, 무슨 일에 대하여 방향이나 갈피를 잡을 수 없음을 이르는 말.

15회 | 72~74쪽

 낱말은 쏙쏙! 생각은 쑥쑥!

★ 그림으로 낱말 찾기 ★

❶ 벌리다 ❷ 세로 ❸ 가로 ❹ 잇다 ❺ 자르다

★ 낱말 뜻 알기 ★

❶ 붙이다 ❷ 아래 ❸ 왼쪽, 오른쪽 ❹ 장소, 길이
❺ 물건, 종이

★ 낱말 친구 사총사 ★

❹

해설 ❶, ❷, ❸에 쓰인 '잘라'는 '동강을 내거나 끊어 내다.'라는 뜻이고, ❹에 쓰인 '잘라'는 '말이나 일 따위를 길게 오래 끌지 않고 적당한 곳에서 끊다.'라는 뜻입니다.

★ 연상되는 낱말 찾기 ★

포장, 학용품, 벌리다

★ 짧은 글짓기 ★

- 예 엄마는 가로 길이가 너무 짧다고 책상을 사지 않으셨다.
- 예 아빠가 나무를 심으려고 바깥 현관에서 문까지의 거리를 재셨다.
- 예 마을 사람들은 끊어진 다리를 이으려고 회의를 열었다.

낱말 쌈 싸 먹기

★ 맞춤법 ★

수수께끼

해설 'ㅔ'가 들어가는 글자는 혼동하기 쉽습니다. 'ㅔ'를 'ㅐ'로 잘못 쓰지 않도록 주의합니다.

★ 띄어쓰기 ★

㉮

해설 '너울너울'은 '팔이나 날개 따위를 활짝 펴고 자꾸 위아래로 부드럽게 움직이는 모양'을 뜻하는 말로, 붙여서 하나의 낱말로 씁니다.

★ 관용어 ★

소, 외양간

해설 그림은 과자를 다 뺏기고 난 다음에 과자를 넣어 두는 서랍에 자물쇠를 다는 상황을 표현하고 있습니다. 이런 상황과 어울리는 속담에는 '소 잃고 외양간 고친다'가 있습니다. '소 잃고 외양간 고친다'는 '소를 도둑맞은 다음에서야 빈 외양간의 허물어진 데를 고치느라 수선을 떤다는 뜻으로, 일이 이미 잘못된 뒤에는 손을 써도 소용이 없음을 비꼬는 말'이라는 뜻을 갖고 있습니다.

★ 한자어 ★

工場(공장), 農村(농촌)

16회 | 76∼78쪽

★ 그림으로 낱말 찾기 ★

❶ 가훈 ❷ 효도 ❸ 양보 ❹ 설거지 ❺ 사랑하다

★ 낱말 뜻 알기 ★

❶ 깨닫, 이치 ❷ 물건, 사양 ❸ 집안, 자손 ❹ 혜택
❺ 부모, 소중히

★ 낱말 친구 사총사 ★

❶

해설 ❷, ❸, ❹에 쓰인 '따라서, 따르고, 따라'는 '관례, 유행이나 명령, 의견 따위를 그대로 실행하다.'라는 뜻이고, ❶에 쓰인 '따를'은 '그릇을 기울여 안에 들어 있는 액체를 밖으로 조금씩 흐르게 하다.'라는 뜻입니다.

★ 연상되는 낱말 찾기 ★

가훈, 효도, 설거지

★ 짧은 글짓기 ★

- 예 나는 동생에게 게임기를 양보했다.
- 예 엄마는 어려운 이웃에게 친절을 베푸셨다.
- 예 할머니께서 형에게 고운 말을 쓰라고 타이르셨다.

낱말 쌈 싸 먹기

★ 맞춤법 ★

수닭 → 수탉

해설 '수탉'은 수컷을 의미하는 '수−'와 '닭'으로 된 합성어이지만, '수닭'이라고 쓰지 않고 '수탉'이라고 씁니다. 이와 같이 수와 결합된 합성어 중 원래 낱말대로 쓰지 않고 소리 나는 대로 쓰는 낱말에는 '수캉아지', '수캐', '수컷', '수키와', '수탉', '수탕나귀', '수톨쩌귀', '수퇘지', '수평아리'가 있습니다.

★ 띄어쓰기 ★

㉮

해설 '모금'은 액체나 기체를 입 안에 한 번 머금는 분량을 세는 단위로, 앞말과 띄어 씁니다.

★ 관용어 ★

손

해설 그림은 길에서 친구를 보고 반가워서 등을 치며 인사를 했는데, 맞은 친구는 너무나 아픈 상황을 표현하고 있습니다. 이런 상황과 어울리는 관용구에는 '손이 맵다'가 있습니다. '손이 맵다'는 '손으로 슬쩍 때려도 몹시 아프다.'라는 뜻을 갖고 있습니다.

★ 한자어 쌈 싸먹기 ★

산해진미(山海珍味)

해설
- 산전수전(山戰水戰) : 산에서도 싸우고 물에서도 싸웠다는 뜻으로, 세상의 온갖 고생과 어려움을 다 겪었음을 이르는 말.
- 호의호식(好衣好食) : 좋은 옷과 좋은 음식이라는 뜻으로, 잘 입고 잘 먹으면서 호화롭게 사는 것을 이르는 말.
- 산해진미(山海珍味) : 산과 바다의 산물을 다 갖추어 아주 잘 차린 진귀한 음식이라는 뜻으로, 온갖 귀한 재료로 만든 맛 좋은 음식을 이르는 말.

낱말은 쏙쏙! 생각은 쑥쑥!

★ 그림으로 낱말 찾기 ★
❶ 광고지 ❷ 찢다 ❸ 만들다 ❹ 검색 ❺ 탁자

★ 낱말 뜻 알기 ★
❶ 은혜, 도움 ❷ 날개, 여러 ❸ 생활, 물건(물품)
❹ 이름, 정기적 ❺ 컴퓨터, 자료

★ 낱말 친구 사총사 ★
❹

해설 ❶, ❷, ❸에 쓰인 '만들어, 만들었어, 만든'은 '노력이나 기술 따위를 들여 목적하는 사물을 이루다.'라는 뜻이고, ❹에 쓰인 '만들면'은 '규칙이나 법, 제도 따위를 정하다.'라는 뜻입니다.

★ 연상되는 낱말 찾기 ★
검색, 도매, 광고지

★ 짧은 글짓기 ★
• **예** 아빠가 나무로 탁자를 직접 만드셨다.
• **예** 삼촌은 기계로 생산을 하기 시작했다.
• **예** 나는 전화로 덕분에 잘 지냈다는 인사를 드렸다.

낱말 쌈 싸 먹기

★ 맞춤법 ★
술래잡기

해설 'ㅐ'가 들어가는 글자는 혼동하기 쉽습니다. 'ㅐ'를 'ㅔ'로 잘못 쓰지 않도록 주의합니다.

★ 띄어쓰기 ★
ⓝ

해설 '아침밥'은 '아침'과 '밥'이 하나로 합쳐져서 쓰이는 낱말입니다.

★ 관용어 ★
낮말, 밤말

해설 그림은 아무도 없는 줄 알고 비밀 이야기를 하고 있는데, 친구가 그것을 엿듣고 있는 상황을 표현하고 있습니다. 이런 상황과 어울리는 속담에는 '낮말은 새가 듣고 밤말은 쥐가 듣는다'가 있습니다. '낮말은 새가 듣고 밤말은 쥐가 듣는다'는 '아무리 비밀히 한 말이라도 반드시 남의 귀에 들어가게 된다는 말'이라는 뜻을 갖고 있습니다.

★ 한자어 ★
安全(안전), 室內(실내)

낱말은 쏙쏙! 생각은 쑥쑥!

★ 그림으로 낱말 찾기 ★
❶ 이삭 ❷ 타작 ❸ 논 ❹ 가을걷이 ❺ 소고

★ 낱말 뜻 알기 ★
❶ 벼 ❷ 가을, 곡식 ❸ 곡식, 이삭 ❹ 자라고, 많은
❺ 열매, 흘렸

★ 낱말 친구 사총사 ★
❷

해설 ❶, ❸, ❹에 쓰인 '찐, 쪄서, 찌면'은 '살이 올라서 뚱뚱해지다.'라는 뜻이고, ❷에 쓰인 '쪄'는 '뜨거운 김으로 익히거나 데우다.'라는 뜻입니다.

★ 연상되는 낱말 찾기 ★
소고, 이삭, 금수강산

★ 짧은 글짓기 ★
• **예** 우리는 겨울 방학 때 논에서 스케이트를 탔다.
• **예** 마을 사람들은 대보름날에 풍년을 기원했다.
• **예** 나는 가을걷이 때 새참을 날랐다.

낱말 쌈 싸 먹기

★ 맞춤법 ★
숨박꼭질 → 숨바꼭질

해설 '숨바꼭질'은 '숨박꼭질'로 잘못 쓰기 쉬운 말입니다. '숨박꼭질'은 '숨바꼭질'의 충북 지역 사투리입니다.

★ 띄어쓰기 ★
㉮

해설 '홑'은 '한 겹으로 된'의 뜻을 더하는 말로, 뒷말과 붙여 씁니다.

★ 관용어 ★
엉덩이

해설 그림은 엄마가 옆집 아주머니와 이야기하느라 자리에서 일어나지 않는 상황을 표현하고 있습니다. 이런 상황과 어울리는 관용구에는 '엉덩이가 무겁다'가 있습니다. '엉덩이가 무겁다'는 '한번 자리를 잡고 앉으면 좀처럼 일어나지 않는다.'라는 뜻을 갖고 있습니다.

★ 한자어 ★
일구이언(一口二言)

해설 • 일구이언(一口二言) : 한 입으로 두 말을 한다는 뜻으로, 한 가지 일에 대하여 말을 이랬다저랬다 함을 이르는 말.
• 일석이조(一石二鳥) : 한 개의 돌을 던져 두 마리의 새를 맞추어 떨어뜨린다는 뜻으로, 한 가지 일을 해서 두 가지 이익을 얻음을 이르는 말.

• 일언지하(一言之下) : 말 한 마디로 끊는다는 뜻으로, 한 마디로 딱 잘라 말하거나 또는 두말할 나위 없음을 이르는 말.

19 회 | 88~90쪽

낱말은 쏙쏙! 생각은 쑥쑥!

★ 그림으로 낱말 찾기 ★
❶ 닦다 ❷ 담그다 ❸ 젖니 ❹ 충치 ❺ 딱지

★ 낱말 뜻 알기 ★
❶ 유아, 사용 ❷ 물을 ❸ 시간, 따분 ❹ 사람, 빠르기
❺ 장난감, 네모

★ 낱말 친구 사총사 ★
❶

해설 ❷, ❸, ❹에 쓰인 '닦아, 닦았어, 닦을'은 '거죽의 물기를 훔치다.' 라는 뜻이고, ❶에 쓰인 '닦느라고'는 '길 따위를 내다.' 라는 뜻입니다.

★ 연상되는 낱말 찾기 ★
충치, 딱지, 경주

★ 짧은 글짓기 ★
• 예 누나가 머리를 보라색으로 염색했다.
• 예 동생이 아빠 휴대 전화를 물에 담갔다.
• 예 나는 지루해서 몰래 사탕을 먹었다.

낱말 쌈 싸 먹기

★ 맞춤법 ★
싫증

해설 '싫증[실쯩]'은 '실증'으로 잘못 쓰기 쉬운 말입니다. 글자의 모양과 읽을 때의 소리가 다른 낱말은 틀리기 쉬우므로 바르게 기억하여 둡니다.

★ 띄어쓰기 ★
㉯

해설 '튀어나오다'는 '갑자기 불쑥 나타나다' 라는 뜻으로, 붙여서 하나의 낱말로 씁니다.

★ 관용어 ★
쥐, 새

해설 그림은 영점 받은 시험지를 몰래 없애는 상황을 표현하고 있습니다. 이런 상황과 어울리는 관용구에는 '쥐도 새도 모르게' 가 있습니다. '쥐도 새도 모르게' 는 '감쪽같이 행동하거나 처리하여 아무도 그 경위나 행방을 모르게' 라는 뜻을 갖고 있습니다.

20 회 | 92~94쪽

낱말은 쏙쏙! 생각은 쑥쑥!

★ 그림으로 낱말 찾기 ★
❶ 채우다 ❷ 반 ❸ 만국기 ❹ 조각 ❺ 전체

★ 낱말 뜻 알기 ★
❶ 놓인 ❷ 문제 ❸ 떼어, 부분 ❹ 들어갈, 가득
❺ 부분, 하나

★ 낱말 친구 사총사 ★
❸

해설 '도형'은 점, 선, 면, 체 또는 그것들의 집합을 통틀어 이르는 말입니다. 사각형, 육각형, 원은 모두 도형에 해당합니다.

★ 연상되는 낱말 찾기 ★
조각, 반, 만국기

★ 짧은 글짓기 ★
• 예 영주는 반지를 찾으려고 집 안 전체를 샅샅이 살폈다.
• 예 나는 퀴즈를 맞히려고 재빨리 손을 들었다.
• 예 엄마는 마음을 가라앉히려고 두 손을 포개셨다.

낱말 쌈 싸 먹기

★ 맞춤법 ★
앞이 → 앞니

해설 '앞니'는 '앞' 과 '이' 의 합성어로 '앞이' 로 잘못 쓰기 쉽습니다. 앞니, 아랫니, 윗니 등은 뒤에 ㄴ 소리가 나는 것을 표준어로 삼는다는 것을 기억하여 둡니다.

★ 띄어쓰기 ★
㉯

해설 '들락날락' 은 '자꾸 들어왔다 나갔다 하는 모양' 을 뜻하는 말로, 붙여서 하나의 낱말로 씁니다.

★ 관용어 ★
한 걸음

해설 그림은 민둥산이 울창한 숲이 되기를 바라며 묘목을 심고 있는 상황을 표현하고 있습니다. 이런 상황과 어울리는 속담에는 '천 리 길도 한 걸음부터' 가 있습니다. '천 리 길도 한 걸음부터' 는 '무슨 일이나 그 일의

시작이 중요하다는 말'이라는 뜻을 갖고 있습니다.

★ 한자어 ★

청산유수(青山流水)

해설 • 산천초목(山川草木) : 산과 내와 풀과 나무라는 뜻으로, '자연'을 이르는 말.
• 금수강산(錦繡江山) : 비단에 수를 놓은 것처럼 아름다운 산천이라는 뜻으로, 우리나라의 산천을 비유적으로 이르는 말.
• 청산유수(青山流水) : 푸른 산에 흐르는 맑은 물이라는 뜻으로, 막힘없이 썩 잘하는 말을 비유적으로 이르는 말.

21 회 | 96~98쪽

★ 그림으로 낱말 찾기 ★
❶ 승강기 ❷ 기대다 ❸ 매다 ❹ 누름단추 ❺ 끼이다

★ 낱말 뜻 알기 ★
❶ 걸어서, 사람 ❷ 의지, 비스듬히 ❸ 도로, 안전, 다리
❹ 기계, 둥근

★ 낱말 친구 사총사 ★
❷

해설 ❶, ❸, ❹에 쓰인 '매라, 매기가, 매어'는 '끈이나 줄 따위의 두 끝을 엇걸고 잡아당기어 풀어지지 않게 마디를 만들다.'라는 뜻이고, ❷에 쓰인 '매'는 '끈이나 줄 따위로 어떤 물체를 가로걸거나 드리우다.'라는 뜻입니다.

★ 연상되는 낱말 찾기 ★
골목, 육교, 승강기

★ 짧은 글짓기 ★
• 예 택시 기사가 정류장에서 보행자를 바라보았다.
• 예 나는 집 앞에서 벽에 몸을 기댄 사람을 보았다.
• 예 나는 교실에서 문틈에 발이 끼어 고생을 했다.

낱말 쌈 싸 먹기

★ 맞춤법 ★
짖는

해설 '짖다'는 '개가 목청으로 소리를 내다.'라는 뜻이고, '짓다'는 '재료를 들여 밥, 옷, 집 따위를 만들다.'라는 뜻입니다. 따라서 문장에 어울리는 낱말은 '짖는'입니다.

★ 띄어쓰기 ★
㉯

해설 '주먹'은 한 손에 쥘 만한 분량을 세는 단위로, 앞말과 띄어 씁니다.

★ 관용어 ★

태산

해설 그림은 길을 잃은 상황에서 배는 고프고, 비까지 내리는 상황을 표현하고 있습니다. 이런 상황과 어울리는 속담에는 '갈수록 태산'이 있습니다. '갈수록 태산'은 '갈수록 더욱 어려운 지경에 처하게 되는 경우를 비유적으로 이르는 말'이라는 뜻을 갖고 있습니다.

★ 한자어 ★

海外(해외), 故國(고국)

22 회 | 100~102쪽

★ 그림으로 낱말 찾기 ★
❶ 단풍잎 ❷ 갈대 ❸ 도구 ❹ 낙엽 ❺ 손짓하다

★ 낱말 뜻 알기 ★
❶ 종류 ❷ 휴식, 야외 ❸ 나뭇잎 ❹ 높낮이, 리듬
❺ 사물, 생각

★ 낱말 친구 사총사 ★
❸

해설 ❶, ❷, ❹에 쓰인 '도구'는 '일을 할 때 쓰는 연장을 통틀어 이르는 말'이고, ❸에 쓰인 '도구'는 '어떤 목적을 이루기 위한 수단이나 방법'을 가리키는 말입니다.

★ 연상되는 낱말 찾기 ★
소풍, 낙엽, 단풍잎

★ 짧은 글짓기 ★
• 예 나는 단소로 전통 가락을 연주했다.
• 예 엄마는 갈대와 국화로 꽃꽂이를 하셨다.
• 예 그는 냄새만으로 음식의 종류를 구별했다.

낱말 쌈 싸 먹기

★ 맞춤법 ★
지팽이 → 지팡이

해설 '지팡이'는 '지팽이'로 잘못 쓰기 쉬운 말입니다. '지팽이'는 표준어로 인정하지 않기 때문에 바르게 기억하여 둡니다.

★ 띄어쓰기 ★
㉯

해설 '웃음바다'는 '웃음'과 '바다'가 하나로 합쳐져서 쓰이는 한 낱말입니다.

★ 관용어 ★

쥐구멍

해설 그림은 성적표를 보며 엄마가 넋두리를 하자 아이가 몹시 창피해하는 상황입니다. 이 상황과 어울리는 관용구에는 '쥐구멍을 찾다'가 있습니다. '쥐구멍을 찾다'는 '부끄럽거나 난처하여 어디에라도 숨고 싶어 하다.'라는 뜻을 갖고 있습니다.

★ 한자어 ★

사면초가(四面楚歌)

해설 • 견물생심(見物生心) : 물건을 보면 마음이 생긴다는 뜻으로, 어떠한 실물을 보게 되면 그것을 가지고 싶은 욕심이 생김을 이르는 말.
• 사면초가(四面楚歌) : 사방에서 들리는 초나라의 노래라는 뜻으로, 아무에게도 도움을 받지 못하는 외롭고 곤란한 지경에 빠진 형편을 이르는 말.
• 동고동락(同苦同樂) : 괴로움과 즐거움을 함께한다는 뜻으로, 같이 고생하고 같이 즐기는 것을 이르는 말.

23 회 | 104~106쪽

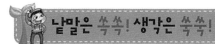

★ 그림으로 낱말 찾기 ★

❶ 주인 ❷ 영수증 ❸ 손님 ❹ 간판 ❺ 가구

★ 낱말 뜻 알기 ★

❶ 상하지 ❷ 표시 ❸ 물건, 벌여 ❹ 축하 ❺ 상점, 이름

★ 낱말 친구 사총사 ★

❶

해설 '가구'는 집안 살림에 쓰는 기구로, 주로 장롱, 탁자, 책장 따위와 같이 비교적 큰 제품을 이르는 말입니다.

★ 연상되는 낱말 찾기 ★

선물, 손님, 영수증

★ 짧은 글짓기 ★

• 예 주인은 늦게까지 가게 문을 열어 놓았다.
• 예 종업원이 상품을 예쁘게 진열해 놓았다.
• 예 엄마는 싱싱한 과일을 고르셨다.

낱말 쌈 싸 먹기

★ 맞춤법 ★

창피

해설 '창피'는 '챙피'로 잘못 쓰기 쉬운 말입니다. '챙피'는 '창피'의 경기도 사투리입니다. 표준어는 '창피'라는 사실을 기억하여 둡시다.

★ 띄어쓰기 ★

㉮

해설 '전'은 '이전' 또는 '앞', '전반기' 따위의 뜻을 나타내는 말로, 뒷말과 띄어 씁니다.

★ 관용어 ★

발바닥

해설 그림은 이모가 결혼 준비 때문에 여기저기 바쁘게 돌아다니는 상황을 표현하고 있습니다. 이런 상황과 어울리는 관용구에는 '발바닥에 불이 나다'가 있습니다. '발바닥에 불이 나다'는 '부리나케 여기저기 돌아다니다.'라는 뜻을 갖고 있습니다.

★ 한자어 ★

新聞(신문), 記事(기사)

24 회 | 108~110쪽

★ 그림으로 낱말 찾기 ★

❶ 축이다 ❷ 외국인 ❸ 구겨지다 ❹ 나르다 ❺ 베다

★ 낱말 뜻 알기 ★

❶ 익숙 ❷ 여럿이, 모임 ❸ 물건, 옮기다 ❹ 연장, 자르
❺ 바느질, 손가락 ❻ 축축

★ 낱말 친구 사총사 ★

❹

해설 ❶, ❷, ❸에 쓰인 '좁은, 좁군, 좁아서'는 '면이나 바닥 따위의 면적이 작다.'라는 뜻이고, ❹에 쓰인 '좁은'은 '마음 쓰는 것이 너그럽지 못하다.'라는 뜻입니다.

★ 연상되는 낱말 찾기 ★

골무, 회의, 외국인

★ 짧은 글짓기 ★

• 예 아빠는 내가 힘들어하자 내 짐을 들어 주셨다.
• 예 미용사가 가위질이 서툴러서 식은땀을 흘렸다.
• 예 엄마가 옷이 많이 구겨져서 다림질을 해 주셨다.

★ 맞춤법 ★

책바침 → 책받침

해설 '책받침'은 '책'과 '받침'의 합성어입니다. '책바침'으로 잘못 쓰기 쉬운 말이므로 바르게 기억하여 둡니다.

★ 띄어쓰기 ★

㉯

해설 '돌아가다'는 '어떤 것이 차례로 전달되다.'라는 뜻으로, 붙여서 하나의 낱말로 씁니다.

★ 관용어 ★

나, 개

해설 그림은 살이 쪄서 옷을 입을 수 없는데, 남을 주기는 아까워하는 상황을 표현하고 있습니다. 이런 상황과 어울리는 속담에는 '나 먹자니 싫고 개 주자니 아깝다'가 있습니다. '나 먹자니 싫고 개 주자니 아깝다'는 '자기에게 소용이 없으면서도 남에게는 주기 싫은 인색한 마음을 비유적으로 이르는 말'이라는 뜻을 갖고 있습니다.

★ 한자어 ★

오합지졸(烏合之卒)

해설 • 천군만마(千軍萬馬) : 천 명의 군사와 만 마리의 군마라는 뜻으로, 썩 많은 군사와 말을 이르는 말.
• 오합지졸(烏合之卒) : 까마귀가 모인 것처럼 질서가 없이 모인 병졸이라는 뜻으로, 임시로 모여들어서 규율이 없고 무질서한 병졸 또는 군중을 이르는 말.
• 우후죽순(雨後竹筍) : 비가 온 뒤에 여기저기 솟는 죽순이라는 뜻으로, 어떤 일이 한때에 많이 생겨남을 비유적으로 이르는 말.

25 회 | 112~114쪽

★ 그림으로 낱말 찾기 ★

❶ 꽃다발 ❷ 고리 ❸ 전구 ❹ 그래프 ❺ 표

★ 낱말 뜻 알기 ★

❶ 물속, 모아 ❷ 방향, 반대 ❸ 운동, 판정 ❹ 둥글
❺ 자료, 직선

★ 낱말 친구 사총사 ★

❶

해설 '거꾸로 박히다'는 '머리를 아래로 하고 떨어지다.'라는 뜻의 관용구입니다.

★ 연상되는 낱말 찾기 ★

전구, 심판, 꽃다발

★ 짧은 글짓기 ★

• 예 선생님께서 우리들의 성적을 표로 만드셨다.
• 예 동생은 낱말 카드를 고리에 끼웠다.
• 예 나는 수족관을 여러 번 구경했다.

★ 맞춤법 ★

켤레

해설 'ㅕ'가 들어가는 글자는 혼동하기 쉽습니다. 'ㅓ'와 'ㅕ'는 비슷하게 소리 나서 틀리기 쉬우므로 잘못 쓰지 않도록 주의합니다.

★ 띄어쓰기 ★

㉯

해설 '왁자지껄'은 '여럿이 정신이 어지럽도록 시끄럽게 떠들고 지껄이는 소리. 또는 그 모양'을 뜻하는 말로, 붙여서 하나의 낱말로 씁니다.

★ 관용어 ★

나무

해설 그림은 선생님과 결혼하고 싶어 하는 친구에게 정신 차리라고 충고하는 상황을 표현하고 있습니다. 이런 상황과 어울리는 속담에는 '오르지 못할 나무는 쳐다보지도 마라'가 있습니다. '오르지 못할 나무는 쳐다보지도 마라'는 '자기의 능력 밖의 불가능한 일에 대해서는 처음부터 욕심을 내지 않는 것이 좋다는 말'이라는 뜻을 갖고 있습니다.

★ 한자어 ★

慾心(욕심), 老人(노인)

26 회 | 116~118쪽

★ 그림으로 낱말 찾기 ★

❶ 지게 ❷ 팥죽 ❸ 송곳 ❹ 절구 ❺ 멍석

★ 낱말 뜻 알기 ★

❶ 배우, 연기 ❷ 껍질, 싸여 ❸ 우리나라, 운반
❹ 연극, 무대 ❺ 곡식, 마당

★ 낱말 친구 사총사 ★

❸

해설 '멍석을 깔다'는 '하고 싶은 대로 할 기회를 주거나 마련하다.'라

는 뜻의 관용구입니다.

★ 연상되는 낱말 찾기 ★

팥죽, 절구, 송곳

★ 짧은 글짓기 ★

• **예** 나는 연극제 때 소품을 담당했다.
• **예** 엄마는 무용 대회 때 입을 의상을 직접 만드셨다.
• **예** 우리는 밤에 몰래 귤을 까먹었다.

★ 맞춤법 ★

트름 → 트림

해설 '트림'은 '트름'으로 잘못 쓰기 쉬운 말입니다. '트림'은 '먹은 음식물이 잘 소화되지 않아서 생긴 가스가 입으로 복받쳐 오름. 또는 그 가스'를 뜻하는 말로 틀리기 쉬우므로 바르게 기억하여 둡니다.

★ 띄어쓰기 ★

㉮

해설 '톨'은 밤이나 곡식의 낱알을 세는 단위로, 앞말과 띄어 씁니다.

★ 관용어 ★

국물

해설 그림은 이번에도 시험을 못 보면 좋아하는 음식을 더 이상 사주지 않겠다고 엄마가 말하는 상황을 표현하고 있습니다. 이런 상황과 어울리는 관용구에는 '국물도 없다'가 있습니다. '국물도 없다'는 '돌아오는 몫이나 이득이 아무것도 없다.'라는 뜻을 갖고 있습니다.

★ 한자어 ★

지피지기(知彼知己)

해설 • 유유상종(類類相從) : 사물은 같은 무리끼리 따르고, 같은 사람은 서로 찾아 모인다는 뜻으로, 같은 무리끼리 서로 사귐을 이르는 말.
• 호의호식(好衣好食) : 좋은 옷과 좋은 음식이라는 뜻으로, 잘 입고 잘 먹으면서 호화롭게 사는 것을 이르는 말.
• 지피지기(知彼知己) : 적을 알고 나를 안다는 뜻으로, 적의 형편과 나의 형편을 자세히 알아야 한다는 말.

 낱말은 쏙쏙! 생각은 쑥쑥!

★ 그림으로 낱말 찾기 ★

❶ 헌혈 ❷ 모금 ❸ 보살피다 ❹ 날갯죽지 ❺ 잃어버리다

★ 낱말 뜻 알기 ★

❶ 고통 ❷ 날개 ❸ 실제로 ❹ 환자 ❺ 주먹, 몽둥이

★ 낱말 친구 사총사 ★

❷

해설 ❶, ❸, ❹에 쓰인 '보살펴, 보살피는'은 '정성을 기울여 보호하며 돕다.'라는 뜻이고, ❷에 쓰인 '보살피느라'는 '일 따위를 관심을 가지고 관리하거나 맡아서 하다.'라는 뜻입니다.

★ 연상되는 낱말 찾기 ★

폭력, 헌혈, 모금

★ 짧은 글짓기 ★

• **예** 의사가 대학에서 병을 고친 사례를 발표했다.
• **예** 삼촌은 외국에서 병을 심하게 앓았다.
• **예** 나는 공원에서 자전거를 잃어버렸다.

 낱말 쌈 싸 먹기

★ 맞춤법 ★

팔꿈치

해설 '팔꿈치'는 '팔굼치'로 잘못 쓰기 쉬운 말입니다. '팔꿈치'는 '팔'과 '꿈치'가 결합된 표현이라는 것을 기억하여 둡니다.

★ 띄어쓰기 ★

㉯

해설 '새끼손가락'은 '새끼'와 '손가락'이 하나로 합쳐져서 쓰이는 낱말입니다.

★ 관용어 ★

티끌

해설 그림은 아이가 3년 동안 10원짜리 동전을 모아 엄마 생신 선물을 사 온 상황을 표현하고 있습니다. 이런 상황과 어울리는 속담에는 '티끌 모아 태산'이 있습니다. '티끌 모아 태산'은 '아무리 작은 것이라도 모이고 모이면 나중에 큰 덩어리가 됨을 비유적으로 이르는 말'이라는 뜻을 갖고 있습니다.

★ 한자어 ★

電話(전화), 發明(발명)

28 회 | 124~126쪽

★ 그림으로 낱말 찾기 ★
❶ 생각하다 ❷ 신문 ❸ 스케이트 ❹ 불다 ❺ 줄넘기

★ 낱말 뜻 알기 ★
❶ 여러, 세운 ❷ 바닥, 얼음판 ❸ 행동, 잘못
❹ 사건, 빠르게 ❺ 결과, 만족

★ 낱말 친구 사총사 ★
❷

해설 ❶, ❸, ❹에 쓰인 '불어서, 부는'은 '관악기를 입에 대고 숨을 내쉬어 소리를 내다.'라는 뜻이고, ❷에 쓰인 '불어서'는 '바람이 일어나서 어느 방향으로 움직이다.'라는 뜻입니다.

★ 연상되는 낱말 찾기 ★
탑, 줄넘기, 스케이트

★ 짧은 글짓기 ★
• 예 형은 동생과 싸운 일을 반성했다.
• 예 나는 어제 일을 다시 한번 생각했다.
• 예 우리는 보람찬 하루를 보냈다.

낱말 쌈 싸 먹기

★ 맞춤법 ★
햇님 → 해님

해설 '해님'은 '햇님'으로 잘못 쓰기 쉬운 말입니다. '해님'은 '해'를 인격화하여 높이거나 다정하게 이르기 위해 접미사 '-님'을 붙인 경우로, 사이시옷이 쓰이지 않는다는 사실을 기억하여 둡니다.

★ 띄어쓰기 ★
㉮

해설 '순'은 '다른 것이 섞이지 않은 순수하고 온전한'의 뜻을 나타내는 말로, 뒷말과 띄어 씁니다.

★ 관용어 ★
물

해설 그림은 시험이 다 끝난 뒤에 정답이 생각나서 안타까워하는 상황을 표현하고 있습니다. 이런 상황과 어울리는 관용구에는 '물 건너가다'가 있습니다. '물 건너가다'는 '일의 상황이 끝나 어떠한 조치를 할 수 없다.'라는 뜻을 갖고 있습니다.

★ 한자어 ★
호의호식(好衣好食)

해설 • 설상가상(雪上加霜) : 눈 위에 서리가 덮인다는 뜻으로, 난처한

일이나 불행한 일이 잇따라 일어남을 이르는 말.
• 호의호식(好衣好食) : 좋은 옷과 좋은 음식이라는 뜻으로, 잘 입고 잘 먹으면서 호화롭게 사는 것을 이르는 말.
• 적반하장(賊反荷杖) : 도둑이 도리어 몽둥이를 든다는 뜻으로, 잘못한 사람이 도리어 잘한 사람을 나무라는 경우를 이르는 말.

29 회 | 128~130쪽

★ 그림으로 낱말 찾기 ★
❶ 소화기 ❷ 쟁반 ❸ 괴다 ❹ 짚다 ❺ 떠밀다

★ 낱말 뜻 알기 ★
❶ 앞으로 ❷ 애쓰는 ❸ 쓰러, 아래 ❹ 기운, 추위
❺ 못마땅, 건성

★ 낱말 친구 사총사 ★
❶

해설 ❷, ❸, ❹에 쓰인 '짚고'는 '바닥이나 벽, 지팡이 따위에 몸을 의지하다.'라는 뜻이고, ❶에 쓰인 '짚어'는 '여럿 중에 하나를 꼭 집어 가리키다.'라는 뜻입니다.

★ 연상되는 낱말 찾기 ★
쟁반, 소화기, 시리다

★ 짧은 글짓기 ★
• 예 나는 화가 나서 친구의 등을 떠밀었다.
• 예 누나는 딴생각에 잠겨서 코대답을 했다.
• 예 동생은 이기고 싶어서 안간힘을 쏟았다.

낱말 쌈 싸 먹기

★ 맞춤법 ★
헤엄

해설 '헤엄'은 '헤염'으로 잘못 쓰기 쉬운 말입니다. '헤염'은 '헤엄'의 옛말인데, '헤엄'을 표준말로 삼기 때문에 바르게 기억하여 둡니다.

★ 띄어쓰기 ★
㉮

해설 '스며들다'는 '속으로 배어들다.'라는 뜻으로, 붙여서 하나의 낱말로 씁니다.

★ 관용어 ★
발

해설 그림은 섬에 여행 온 가족이 태풍 때문에 배가 못 떠서 집에 돌아

가지 못하는 상황을 표현하고 있습니다. 이런 상황과 어울리는 관용구에는 '발이 묶이다' 가 있습니다. '발이 묶이다' 는 '몸을 움직일 수 없거나 활동할 수 없는 형편이 되다.' 라는 뜻을 갖고 있습니다.

★ 한자어 ★
世界(세계), 文字(문자)

30 회 | 132~134쪽

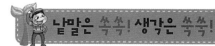

★ 그림으로 낱말 찾기 ★
❶ 썰매 ❷ 바구다 ❸ 팽이 ❹ 얼다 ❺ 털다

★ 낱말 뜻 알기 ★
❶ 물기 ❷ 악기, 동시 ❸ 채소, 소금 ❹ 표현, 정리
❺ 자기, 대체(대신)

★ 낱말 친구 사총사 ★
❹

해설 ❶, ❷, ❸에 쓰인 '털고, 털어' 는 '달려 있는 것, 붙어 있는 것 따위가 떨어지게 흔들거나 치거나 하다.' 라는 뜻이고, ❹에 쓰인 '털어' 는 '일, 감정, 병 따위를 완전히 극복하거나 말끔히 정리하다.' 라는 뜻입니다.

★ 연상되는 낱말 찾기 ★
썰매, 팽이, 얼다

★ 짧은 글짓기 ★
• 예 나는 집에서 미리 작품을 구상했다.
• 예 우리는 강당에서 기악 합주를 연습했다.
• 예 엄마는 마당에서 배추를 절이셨다.

★ 맞춤법 ★
휴계실 → 휴게실

해설 'ㅔ' 가 들어가는 글자는 혼동하기 쉽습니다. 'ㅔ' 를 'ㅖ' 로 잘못 쓰지 않도록 주의합니다.

★ 띄어쓰기 ★
㉯

해설 '곤드레만드레' 는 '술이나 잠에 몹시 취하여 정신을 차리지 못하고 몸을 못 가누는 모양' 을 뜻하는 말로, 붙여서 하나의 낱말로 씁니다.

★ 관용어 ★
송아지, 뿔

해설 그림은 친구를 때리고 친구의 물건을 뺏은 아이가 선생님한테 거짓말까지 하는 상황을 표현하고 있습니다. 이런 상황과 어울리는 속담에는 '못된 송아지 엉덩이에 뿔이 난다' 가 있습니다. '못된 송아지 엉덩이에 뿔이 난다' 는 '되지 못한 것이 엇나가는 짓만 한다는 말' 이라는 뜻을 갖고 있습니다.

★ 한자어 ★
자업자득(自業自得)

해설 • 자업자득(自業自得) : 자기의 업을 스스로 받는다는 뜻으로, 자기가 저지른 일의 결과를 자기가 받음을 이르는 말.
• 자화자찬(自畵自讚) : 자기가 그린 그림을 스스로 칭찬한다는 뜻으로, 자기가 한 일을 스스로 자랑함을 이르는 말.
• 일거양득(一擧兩得) : 한 번 들어 둘을 얻는다는 뜻으로, 한 가지 일을 하여 두 가지 이익을 얻음을 이르는 말.

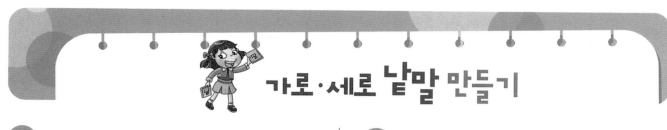

가로·세로 낱말 만들기

01 회 | 15쪽

낚 싯 대   모
물 뿌 리 개   종
        삽

02 회 | 19쪽

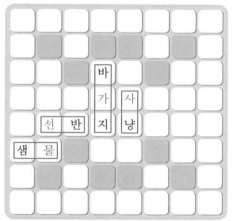

바
가 사
선 반 지 냥
샘 물

03 회 | 23쪽

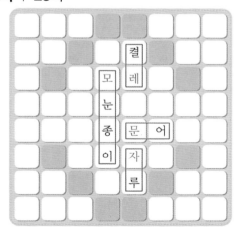

컬
레
모 레
눈
종 문 어
이 자
루

04 회 | 27쪽

봉 사 연 락
과 일 등
약 속 산

05 회 | 31쪽

양 달
술 래 잡 기
그 림 자

06 회 | 35쪽

비 눗 방 울
양 감 질 악 기

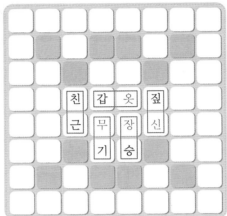

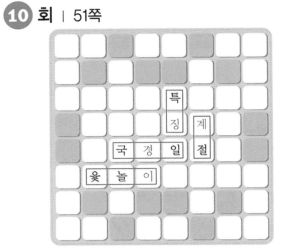

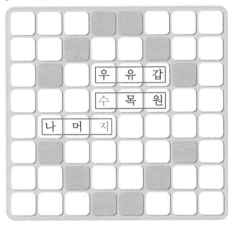

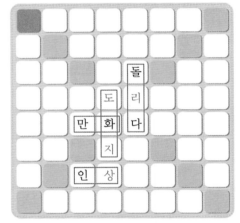

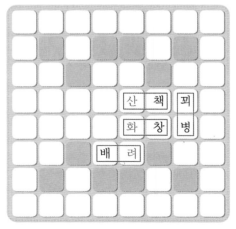

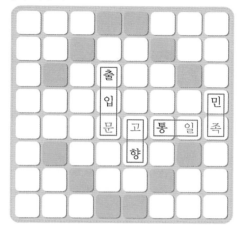

출
입
문 고 통 일 민
향 족

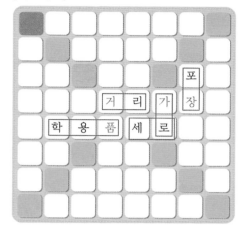

포
거 리 가 장
학 용 품 세 로

도 깨 비
사 물 놀 이
부 채

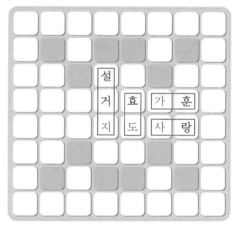

설
거 효 가 훈
지 도 사 랑

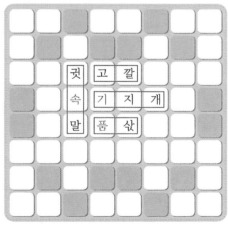

귓 고 깔
속 기 지 개
말 품 삯

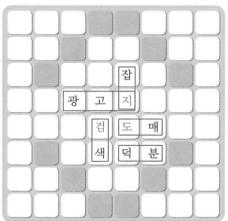

잡
광 고 지
검 도 매
색 덕 분

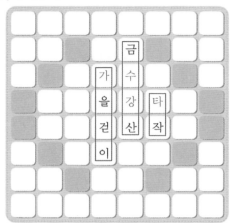

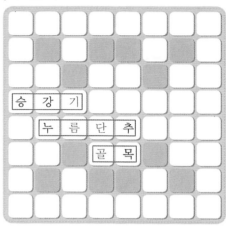

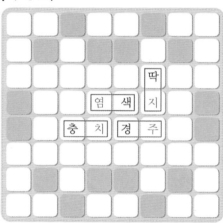

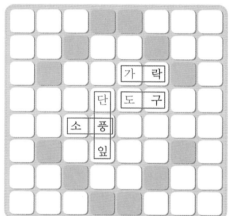

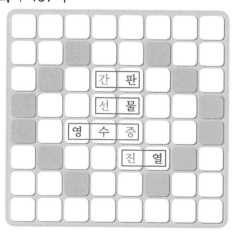

25 회 | 111쪽

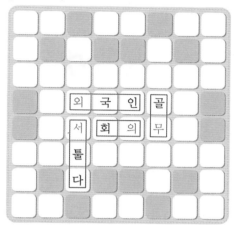

28 회 | 123쪽

26 회 | 115쪽

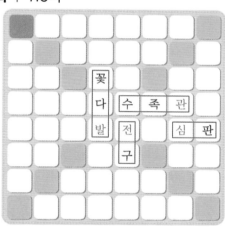

29 회 | 127쪽

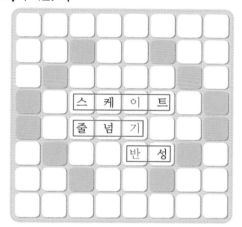

27 회 | 119쪽

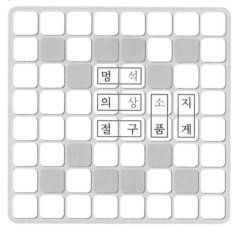

30 회 | 131쪽

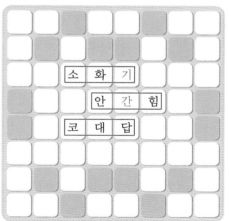

note